ICT時代の国語教育の考え方・進め方

多賀一郎◎著

黎明書房

国語教育の現状と課題

今、国語教育は揺らいでいる。小学校の現場では、アクティブ・ラーニングが進んできて、わけが分からないなりに新しい授業に取り組んでいる学校、教師がたくさんいる。

タブレットの導入により、個別最適化が謳われ、子どもたちが全員、一時間タブレットを見ているだけの授業も散見する。

子ども主体の授業と銘打って、全てを子どもたち中心に進める授業も増えてきた。

教師が前で話すことは少なくなり、子ども同士の協働的な学習は、もはや授業の主流ともなっている。

最初に断っておくが、僕は、これらの流れに否定的ではない。

個別最適化は、一斉授業の中で取りこぼされ、

「授業が分からない」

「授業がつまらない」

と感じてきた子どもたちにとっては、画期的な方向性だ。ディスレクシア（文字の読み書きが困難）の子どもも、タブレットを使って音声認識ができれば、文字を読むことの抵抗が少なくなり、国語理解も進むようになってくる。

これまで一斉授業でひたすら教師の解説のような授業が繰り返されて、目の死んでいたような子どもたちが、協働学習では、生き生きとした姿を見せるようになっている。

新しい授業の形は、時代の必然性でもあるのだと考えている。

しかし、国語教育に限って考えてみると、どうだろう？

・国語教育というのは、日本語の教育である。
・国語教育というのは、日本人が培ってきた言葉の文化の継承である。
・国語教育というのは、言葉の感覚を磨くものである。

こうした観点から今の国語教育を見たときに、警鐘を鳴らしたいことがある。

簡単に言うと

「国語教育、このままでいいの？」

ということである。

僕の述べることをオワコンとして、無視するのもけっこうだ。

しかし、僕の考えも聞いてから判断してほしい。今の流れを断ち切る必要はないが、国語教育という観点から、国語の時間の現状を見直してほしいと考えている。

そういうことを思いながらSNSを見ると、そこではインフルエンサーと呼ばれる人たちがさまざまなことを語っている。その人たちの使う言葉を見ていると、けっこう正しい言葉の使い方をしていることに気が付く。

また、ヨアソビやヨルシカ、バックナンバー、優里などの最近のヒット曲を聴くと、新しいが良い言葉の使い方をしているなと思わされる。

やっぱり言葉を大事にしている人たちの言葉には説得力があるし、そのことを理解できる人たちがたくさんいるということだ。

でも、今のままの国語教育を進めていって、果たしてそれが持続できるのかなと思っている。

国語教育について、とことん考え抜いてみたい。

多賀一郎

目　次

目　次

第4章　ICTをどう考えるのか　57

第5章　国語は言葉を教える教科　69

第1章

今、学校で行われている国語教育

(1) 教科書の問題点

僕は私立小学校に長年勤めてきた。私学で常に意識していたのは、「教科書でも教える」ということだ。教科書はあくまで目標に到達するための教材の一つであって、教科書がベストであるという発想は持ったことがない。

ところが、近年、公立小学校へ指導助言に入る機会が増えてきた。そこで先生方と話していると、やはり、教科書が絶対だという神話のようなものが、若い先生方を中心にあるように感じる。

そして、その絶対的教材である教科書を教えることに躍起になっている。教科書は、それほど絶対的なものなのだろうか。

国語の教科書には、はっきり言ってそのまま教えるには、いくつかの問題点がある。

国語の教科書は最近、細かい指導手順まで書かれている。子どもたちが読んで、自分の力である程度できるように書かれているのだ。

でも、どういう子どもをイメージして書かれているのだろうか？　ものすごく優秀な子どもたちを想定して書かれているような気がする。

例えば、教科書に出てくる子どもの作文例は、自分のクラスの子どもで考えたら、一部の子どもにしか書けないようなレベルのものが多い。

そんな優れた作文の例を見せられて、「こんなふうに書くんだよ。」と言われても、書けるわけがない。

書くことに抵抗がある子どもは、そんな流れの通りにしても、「書けない」思いが募るだけなのだ。手の届きそうなところにないものを提示されては、モチベーションも上がらない。

子どもの会話例も、実際の子どもたちでそんな会話になることは、ほとんどないようなものばかりだ。実態に即してはいない。（まあ、教科書にレベルの低い作文を載せて、こういう作文を書きましょうとは言えないから、当然と言えば当然なのだが……。）

教師の目の前には、何人もの「できない、書けない、話せない」子どもたちがいるのである。その子どもたちの力をアップさせるには、教科書通りではできないのである。

子どもたちが届きそうなレベルの作文であったり、話し合ったら実際はこんな感じになるだろうという会話であったり、そういうモデルに変えていかないと、教科書そのままでは子どもたちのモデルにはならないということである。

それから、教科書の説明文のほとんどが「はじめ―中―終わり」、学年が進むと「序論―本論―結論」という文章構成になっている。

実際にこの世の中の説明文が、全てそんな構成になっているはずはないのだ。でも、教科書の説明文は、そうなっている。筆者も、教科書会社の要望に準じて、そうした形にまとめているのだろう。

そのことの分からない若手教師が、軽率にも

「すべての説明文は、『はじめ―中―終わり』からできている。」

などということを子どもたちに宣言してしまうのだ。

また、六年生の説明文で、

※ 筆者の主張に対して、あなたはどのように考えただろうか。自分の考えをまとめよう。
・筆者の主張のどの部分に、共感・納得したり、疑問に思ったりしたか。
・それは、自分のどのような経験がもとになっているか。

というような問いかけが出てくることがある。

「自分の経験をもとに」考えることが出てくるのである。これは高学年の説明文学習でよく出てくるパターンだ。

しかし、このような視点で子どもたちが自分の経験を見つめ直しても、「これだ」と思う経験が簡単に出てくるものではない。

これはかなり無理がある課題だと言えよう。

自分の経験とつなげることが難しいのは、

(1)　経験そのものがない場合

(2)　経験があっても、それを認識していない場合

のどちらかの場合である。

教科書の課題では、圧倒的に後者が多い。その辺りを子どもたちにどう意識させていくかということが大切なのである。そのことが分からないから、このまま

「自分の経験とつなげて書きなさい。」

と指示してしまう。そうすると、ステップも何もなくて、自分の経験を想起できない子どもたちが戸惑ってしまうのだ。

教科書が良くないと言っているのではない。教科書は、国語の目標を達成するための教材として作られているものなのだ。だから、目標を考えずに国語の授業をしようとして、失敗してしまうことになる。

教科書は、あくまで国語の目標を達成するための単なる教材でしかない。子どもたちの実態に応じて教材を差し替えたり、ステップを付け足したりして、授業を作っていかなければならないのである。

何年か経った若手の教師がよく口にする
「国語の授業が難しい。」
というのは、その辺りにも原因があるように思う。

(2)　ひどい指導書がある

教科書には筆者が存在する。裏表紙の内側には、代表著者の名前を始め、作家や研究家、現場の教師たちの名前が書かれている。名前があるということは、教科書の文章には、その人たちが責任を持っているのだということなのである。少なくとも、表向きはそうなのだ。

では、指導書はどうだろう。指導書には筆者が書かれていない。つまり、誰が書いたか分からないのが教科書の指導書だということなのだ。

二年目や三年目の教師が指導書を書いている場合があるそうだ。いや、ベテランが書いたとしても、ひどい指導書がある。

発問例としてあげられているものが、とてもいいかげんである。

四年生の東京書籍の単元に『わたしの考えたこと』というものがある。

自分の考えを明確にして、組み立てを考えて文章を書くことがめあてである。

その学習の流れは

① 自分の考えを、理由や考えるようになったきっかけを明確にして文章にまとめて伝えるという、学習課題を確かめ、学習の見通しをたてる。

② 自分が伝えたい考えを決めて、その理由やきっかけとなった出来事を短い文で何枚かのカードに書き出し、文章の組み立てを考える。

となっている。

そんなことが、いきなり四年生の子どもたちにできるだろうか？　どう考えても一部の子どもにしかできないことだ。

教科書の指導書の通りに発問指示したら、子どもたちの多くは、間違いなく立ち往生するだろう。指導書では、子どもたちの姿が見えてこないのだ。

算数の教科書はステップを踏んで作られている。したがって指導書もそのステップに沿って作られているので、順々にステップを踏んでいく。だから、比較的使いやすい。

子どもたちの引っかかるところも見つけやすくなる。

しかし、国語の教科書そのものは、ステップを踏んで作られていることが少ないので、指導書も算数のようにすんなりとはいかない。

僕は初任の先生を指導するときには、

「とりあえず、算数は教科書の指導書をなぞって授業しましょう。しかし、国語の授業については、指導書通りにやったら、失敗することが多いよ。」
と伝えている。

国語の指導書は、そのままでは使えないというのが、僕の持論である。

(3) 電子教科書の光と影

電子教科書にはいくつもの利点がある。

○ 教材文の提示において、個々で拡大して見ることができる。これまで黒板に拡大して貼っていた教材文では、後ろの席の子どもや視力の弱い子どもにとっては何を書いているのか分からなかったのが、見やすくなった。

○ 音声化することで、ディスレクシアの子どもにも個別対応ができる。

○ 書き込みしたり、書いたものを消したり残したりと、ノートとしても使える。

○ 分厚くて重い紙の教科書を何冊もカバンに入れて登下校するのに比べて、タブレットに全部の教科の教科書が入っていれば、楽になる。

○ まだまだ使える可能性を秘めていて、これから使いこなすことによって、活かされることも増えていくだろう。

もちろん、いろいろと不都合なことも起こってきている。

例えば、段落ごとに段落番号を打つことで子どもたちに段落意識を持たせようとしたときに、ワンクリックで簡単に段落番号を打った教材文が現れる。これでは、子どもたちの学びはない。

こういうところについては、実際に電子教科書を扱う現場の教師たちから上がる声によって徐々に改善されていくだろう。

電子教科書は、各タブレットに直接取り込む。したがって、毎年、個々の子どものタブレットのアカウントで登録してから電子教科書を取り込むようにしなければならない。これを学校で誰か（教師）がこの作業をまとめて行わなければならない。大規模校ならば、大変な労力になる。

こうした問題は、少しずつ改善されていくとは思うが、現状は現場ではけっこう大きな問題である。

最大の問題は、紙媒体である教科書を、全てタブレットで扱うことの意義がまだ十分に検証できていないことであろう。

紙にこだわるというような狭量な議論は、もう必要ない。紙媒体とタブレットとのそれぞれの良さから考えて論じないといけない。

電子書籍が導入されたとき、

「あんなものは読めない」

と思っていた僕が、今はＡｍａｚｏｎのＫｉｎｄｌｅでものすごい数の書籍を購入して読んでいる。文章を書くときも、そうだ。研究授業を観ながら手書きのメモを手放せなかったのが、ｉＰａｄでペンを使って書いている。
今、この文章も、直接Ｗｏｒｄに打ち込んでいて、なんの違和感もなくなった。
要するに、そのアイテムに慣れるかどうかだけの問題なのかも知れない。

(4)　教師の国語力

ここ数年で教員採用の状況は大きく変化してきた。倍率が極端に少なくなってきて、九州などは、軒並み実質定員割れを起こしている。

僕らが教師になろうとしたときの採用の難しさとは、雲泥の差である。当時は採用試験の倍率は天文学的な数字だ（比喩）とまで言われたものだ。

このような低レベルの競争（？）を経て教師になった人たちは、当然、いろいろな意味でレベルが低くなる。成績の良い人間が良い教師になるとは限らないが、全体的に学力が下がっていることは否めない。教師は、勉強を教える仕事なのだから、偏差値50を超えた人たちになってもらいたい。でも、現状はとてもとてもそんなことは望めない。

そうなると、国語力の乏しい教師が増えてきているということになる。言葉に対する認識も弱く、言語感覚も言語姿勢（これについては、後の章で詳しく述べる）も足りない。学び方もよく分かっていない。そういうレベルの教師が出てきている。

これは実は国語教育にとって、かなり大きなことだ。

教師は子どもたちにとって最大の言語環境である。教師の発する言葉が、子どもたちの言葉を育てる。

子どもたちと日々会話をする。その教師の言葉の一つ一つが子どもたちの言葉を磨く。子どもたちは身近な大人の真似をする。教師の使う言葉を真似て使おうとする。実際、小学校の低学年の担任をしていると、子どもたちの話す言葉が担任に似てきてしまうことはよくあることだ。

あるとき職員室に入ってきた二年生の子どもの話し方が、担任のベテラン女性教師にそっくりだったので、職員やご本人も大笑いしたことがある。

僕が担任していると、子どもたちの言葉が変わってくるというのが保護者の間で評判だったそうだ。時事的な言葉が増え始めるというのだ。それは毎日、機会のあるごとに子どもたちの前で時事的な話をしたからだろう。言葉の一つ一つの意味が分からなくてもいいから、ともかく話をするようにしていた。

担任教師からシャワーのように言葉が子どもたちに浴びせられる。その言葉のどこかに影響を受けて、子どもたちの言葉が育つのだ。

そう考えてくると、国語教育にとって小学校の担任の国語力というのが、とても大きいというのが分かってくるだろう。

僕は若い教師たちにはいつも、

「言葉を磨きましょう。常に辞典を調べて言葉を調べて、少しずつ語彙を増やしましょう。若い先生方の言葉の数が少ないのは当たり前です。でも、教材に出会ったり、他の教科で出てきたりした語句を一つ一つ辞典で意味を確かめて、使い方をちょっと調べてみてください。

そうやって、十年間少しずつ語彙を増やした教師と、全くそういう努力を怠った教師との差は歴然としています。」

と言っている。

今、教師不足の時代になってきて、新しい教師のレベルが下がってきているのは仕方がないことである。だから、その人たちには、当たり前のことができる教師に育ってもらうしかないのだ。

ぜひ、国語力を向上させていくことを意識してもらいたいものである。

(5) 小学校の低学年も高学年も中高生も同じ次元で語られる不思議

有能な小学校教師たちの多くは、高学年ばかり担任するようになる。全国的に有名なカリスマ教師と呼ばれる人たちの多くも、ある時期から、6年、5年、6年、6年、5年……というように、高学年を担任することが圧倒的に多くなる。

これは、

「六年生がしんどい、大変だ、学校の中心だ。だから、しっかりした先生に担任してもらいたい。」

という、管理職と保護者との思い込みがそうさせている。

本来は、どの学年も大切で、それぞれの学年において大切なポイントがあり、それをちゃんとクリアして次の学年に送り出せていれば、六年生だけがしんどい等ということは、起こらないはずなのだ。

問題は、そうしたカリスマ教師たちがセミナーで講演したり、学校に指導助言に入ったりしたときに、

「子どもは、こんなふうに考えるものです。」

「子どもはそんなことは言いません。」

等という言葉を発したとき、この方々の頭の中の子どものイメージは、おそらく高学年の子どもたち、ご自分が常に関わってきた子どもたちなのではないかということである。

僕は、一年生～四年生までを六回ずつ、五、六年生は四回ずつ担任している。だから、僕が言う「子どもたち」は、そのときのその学年の子どもをイメージして話すことができる。これは、僕の最大の利点だと思っている。

一年生と六年生が違うのは、誰が考えても当たり前のことだが、二年生と三年生の間にも大きな違いがある。三年生と四年生もしかり。どの学年の子どもたちもそれぞれにその学年の特色というものを持っているのだ。

学校教育の話をするときに「子ども」と言うときは、少なくとも「〇年生の子ども」という言い方をするべきだろう。

特に、国語を考えたときに、学年における語彙獲得の平均的レベルというものを想定して授業を仕組まなければならない。

例えば、低学年では「かなしい」「しずかだ」「やさしい（易しい）」というような和語が使われることが多い。しかし、高学年では「哀愁」「静寂」「簡易」というような漢語が増えてくる。難しいのは、そうした言葉に変わっていくときのラインがはっきりしていないということだ。低学年で漢語を使って文を書いたり話したりする子どもはほとんどいないが、高学年になってくると、いつのまにか多くの子どもたちが漢語を使って作文したり話をしたりするようになってくる。

そのラインはいつからだとはっきり指摘できないし、子ども一人一人を見ると、もっと多様である。

そもそも子どもの語彙獲得には、育ってきた言語環境が大きく左右する。一つのクラスにいる子どもたちの語彙数がほとんど同じであることはあり得ない。それでも、国語の授業を行うときには、教材文に出てくる言葉を子どもたちがどの程度知っているのかというメタ認知を考えていかねばならない。

子どもによって語彙の数も種類も違っているのだから、ふつうに国語の授業をすると、個々の子どもの分からない言葉というものが無視されて授業が進行していくということになってしまう。一斉授業で何人かの子どもたちが置いてきぼりを食らってしまうということの原因の一つとなってきた。

僕は初任が帰国子女学級で、世界各地から帰ってきた四年生の子どもたちに授業をするところから教師生活が始まった。そのとき、授業をしていて、当たり前の言葉だと僕の認識している言葉が全く通じないときがあった。

例えば、

「ていねいに書きなさい。」

と指示したときに

「ていねいってなあに？」

と言われたときのショックを今でも覚えている。

そのときは、黒板に鯉のぼりの絵をさっと描いて、

「これが、ていねいじゃない書き方」

と言った。そして、丁寧に描いた鯉のぼりを

「これが『ていねい』なときね。」

と説明したことを覚えている。

また、「滝に打たれる」という表現が出てきたときに、カナダから帰ってきた女の子が

「死んじゃうよ。」

と言ったこともある。ナイアガラの滝しか知らなかったら、そう思うのが当たり前だ。

同じ言葉であっても、生活体験によって、イメージが大きく違うことの実例だと言えるだろう。

思えば、帰国子女だから言葉の分からないことがはっきりしたけれども、普通学級でも、家庭環

境、生育環境の全く違う子どもたちがいるのだから、個々において分かる言葉と分からない言葉のあることは、当然なのである。

同じように教室に座っている子どもたちの一人一人は、それぞれ違う語彙を持っているし、言葉のイメージも全て違っていると考えた方が良い。

だから、僕は授業中の子どもたちの表情の変化を細かく見つめながら授業をするように努めてきた。ちょっと分からない表情をする子どもがいたら、

「今の言葉、分からなかったか?」

「ん? 何か引っかかったかな?」

等とたずねて、他の子どもたちにその言葉を説明させるようにしてきた。

今は、タブレットを各自が持っている。タブレットをいつも(国語の授業に限らず)机上に置いておいて、いつでも疑問に思ったことを調べて良いようにしておけば、慣れればかなり個別の引っかかった言葉については解消できるだろう。

もちろん、文章を読み取るときに、文中の全ての単語を理解していないと文章全体が理解できないということはない。一つや二つの言葉が分からなくても、文章の意味をつかむための訓練は必要だ。それが国語の読解の授業の一つの意義でもあると思う。

そのときは、

「タブレットは使わないで考えよう。」
という前提で授業を進めれば良いだろう。

授業後、授業で引っかかった言葉の意味や、分からなかった物の画像を検索して学び直すという姿勢も奨めていく。そうすることで、積極的にタブレットやスマホで意味を調べていく姿勢を育てることもできるだろう。

(6) 国語は何を教える教科なのか

協働学習が全国の小学校で主流を占めるようになってきた。一斉指導ばかりの授業でじっと座っているだけで辛抱させられてきた子どもたちにとっては、大きな授業改革である。大いに考えて語り合うという授業は、学習者が受け身的な感覚から脱して、主体的に学習に参加しようとする姿勢を養うだろう。

協働学習の基本は「対話」である。対話の仕方を教えるのは、まさしく国語教育の根本の一つである。協働学習の質を、すなわち対話の質を向上させていくための国語の技術というものを、指導していかねばならないだろう。

ところで、国語の授業として散見するのが、課題提示して(子どもたちに課題を考えさせることもある)、一人でその課題に取り組んで、グループでの聞き合いをしてまとめていく、または個人でもう一度聞き合ったことを基にして課題の答えを再構築する、という形である。

この学習を通して、国語としては何を学ぶのだろうか？

いつもそのことが頭から離れない。協働学習として各地で行われている授業の多くが、子どもたちに丸投げした学習だからだ。教師からの言葉への示唆も立ち止まりも何もない。低学年でも高学年でも、同じようなパターン学習が繰り返されている。

国語学習には、子どもたちの力だけでは決してたどりつけないことがある。

○　言葉の深い意味……美しい言葉等に含まれる作者の思い
○　行間にこめられた物語の流れ
○　一つの言葉から派生するさまざまな意味や使い方（語彙を増やすということ）

そういった国語の言葉の学びとしての本質的なものは、協働学習からは決して得られないものなのである。

「活動ありて学びなし」という言葉は、戦後のプログラム学習であるコア・カリキュラムが子どもたちの学力を伸ばせなかったことから、出てきた言葉である。

学習指導要領では、十年ごとに「学習者主体」と「学力中心」とを交互に繰り返してきた。「学習者主体」の反省として毎回出てくるのが、この「活動ありて学びなし」という言葉である。もうこの繰り返しは止めなければならない。それには「学力」というものをどうとらえるのかということから考えていく必要がある。

しかし、その前に全ての学習の最も基礎となる国語の力をどうつけるかということを、考えなければならない。

それらは、教師が教えるのである。

言葉の学びというものは、言葉の意味を知ることだけではない。人が言葉を獲得していくときに、どのような言語体験をするのか、それがこれからの子どもの言語生活にどのようにつながっていくのか、ということを考えて言葉の学習を仕組むのである。そんなことは子どもたちだけでできるものではない。教師がそういう学習を作っていくのである。

毎月オンラインで私学関東地区の国語部会の「こうよう会」に参加して、提案される国語の実践について指導助言をしている。意欲的で新しい実践が並んでいて、頼もしい限りだと考えている。

そこで僕がいつも提案者に問いかけるのは、

「これでどんな国語の力がつくのですか?」

ということだ。新しいいろいろな実践を行うときに、いつも頭に置いてほしいのは、子どもたちにどんな国語の力をつけようとして授業実践をしているのかということだ。

第2章
子どもたちの変化

(1) 情報の中心が文字ではなく、映像などの視覚情報

国語という窓から、今どきの子どもたちの特徴を考えてみよう。
まず何よりも、子どもたちの得る情報が、文字よりも映像や画像などの視覚情報が中心であることが考えられる。

小学校中学年ぐらいからスマートフォンを持ち、多くの情報をそこから得る子どもたちが増えている。今や、YouTubeやTikTok、インスタグラムなどを子どもが視聴しているのは当たり前で、小学生ユーチューバーなども登場してきている。

それらのSNSは、明らかに視覚優位である。目から入ってくる情報でとっさに判断して見続けるかどうかを考える。

文字は、タイトルなどが刺激的だとそのまま視聴に引き込んでいくことができる。サイトの中のテロップとして示されることも多いようで、文字は視覚情報を補足するために使われているようだ。

国語の教科書でも、非連続的教材（文章が連続的教材で、写真やグラフ、表などの教材が非連続的教材）が増えてきて、それらをどう読み取るのかということが問われるようになってきた。

教科書も、文字で思考することだけではなく、視覚情報を読み取って思考することが大切だということを取り上げ出したわけである。

ライン等でよく使われる「アイコン」や「スタンプ」「絵文字」等は、言葉を視覚化したものと考えられる。

「(´艸`)」「😘」等という絵文字だけで、「おかしいから笑っちゃう」「変なの？」といった会話が成立してしまうのだ。

若者はこれらを駆使してスマホで会話している。長い文章を送り合ってなんていうのは今どき流行らないのだ。

国語の授業では、画像や映像を使って文章を読み取る助けとしたり、言葉の学習には画像を駆使したりする。僕の今している授業は投げ込みで初めて出会う子どもたちとの授業ばかりなので、語ることよりも、パワーポイントで楽しい画像を示して子どもたちのアイスブレーキングをするように心がけている。

(2) 言葉文化の変化

典型的な生活文化のパターンというものが少なくなってきている。

例えば、仕事にしても、在宅で全てこなしてしまい、なおかつかなりの高収入を得る人たちが現れてきている。二十年ほど前だと、家の中でパソコンばかりいじっている人は、社会的に見ると、「おかしな人」だというレッテルを貼られているところだ。

でも、今や多くの人が家の中でパソコンの前で仕事をしている。

シングルマザーという言葉が当たり前となって、ひとり親だから肩身の狭い思いをするということも少なくなってきている。

このように生活の認識が変化していく中で、人々の興味が多様化している。

レコードの売り上げでヒットが語られていた時代から、ＣＤに変化して、もはやそれさえも、音楽配信に圧倒されつつある。

一人の若者が家で録画したものをＴｉｋＴｏｋやＹｏｕＴｕｂｅにあげて、それがヒットするというようなことが可能になってきた。

うちの娘夫婦の家にはテレビがない。サッカーを見るときだけ、パソコンでネット配信を見るそうだ。それで何も生活は困らない。ただし、某歌舞伎俳優の心中事件など、世間で話題になっているものについていくのは若干遅れるが、生活していくにはなんの支障もない。

このようにライフスタイルが変化していくにつれて、言葉の文化も多様に変化してきている。言葉の文化の変化というのは、言葉の意味や使い方が時代によって変わっていくということなのである。

ただし、言葉は変わっていくのだけれども、すぐに消えてしまう流行の言葉というものもある。言葉が移り変わったり、新しい言葉が生み出されたりしなくなったら、その国の文化は衰退していくだろう。

子どもたちは流行に敏感である。流行りの言葉をすぐに使うようになる。そうしながら、自分たちの言葉を磨いていくようだ。

言葉の変化は避けられない現象であり、それ自体は良いものでも悪いものでもないだろう。しかし、子どもたちの前で言葉を使う教師は、正しい言葉を子どもたちに伝える使命を持っている。言葉の変化に対して無関心であってはならない。

子どもたちの前に立つ教師は、常に言葉に関心を持ち、相手や場面に応じて適切な言葉を選び、伝えたいことを明確に表現することを大事にしてほしいと思う。

(3)　短い文しか書けない

ツイッター（現Ｘ《エックス》）は、百四十文字以内で投稿される。教師もたくさんツイートしているが、短い文章での書き込みは、ある意味、楽なのである。長い文章、少なくとも四百字程度の文章を書くとなると、「書けない」教師が増えているように思われる。

それが反映しているのかどうかは分からないけれど、子どもたちの書く力は年々低下しているように思える。

書く絶対量が少ないのだ。

僕がここで言う「書く」ということは、説明的な文章を書くということではない。自分の思いを綴る随筆文、自分の主張をまとめる意見文などのことである。

書くためには「書く体力」が必要だ。鉛筆を持って何十分も文字を書き続ける体力というものが必要なのだ。

そして、その「書く体力」を維持し続けるためには、書こうという意欲がなければならない。書こうという気持ちもないものに対して、長時間鉛筆と原稿用紙を前にして書かせようとしても、それは苦行にしかならない。

書くことは、自己開示と自己表現の手段である。自分の中に、

「このことをどうしても他者に伝えたい」

という強い気持ちがなければ、書き続けることはできない。


阪神大震災の直後、五年生の子どもたちに二枚の原稿用紙を配って
「震災のことや今の自分の生活等、書ける人は書いてきてください。無理はしなくていいですよ。」

と、お願いした。

そのとき、一人の、作文が苦手でいつもは原稿用紙に半分ちょっとしか書けない子どもが、二枚の原稿用紙だけでは足りずに、広告の裏側などを使って、びっしりと思いを綴ってきた。おそらく彼の人生において最初で最後の長文だっただろうと思う。どうしても書きたい、伝えたいという思いがあふれていたから、そういうことになったのだろうと思う。

つまり、子どもは、書きたいと思ったら書くのだ。

「はじめ―中―おわり」という型にはめて作文を書かそうとすることよりも、子どもたちが
「このことを書きたい、伝えたい」

と思うような場を設定することの方が大切なのではないだろうか。

いつも、国語の研究授業で書くことがメインであったときの指導助言の場では
「このことを本当に子どもたちが書きたかったのでしょうか？」

と先生方に問いかけるようにしている。

書きたいという意欲のわかないテーマで作文を書けと言われても、子どもたちのモチベーションは決して上がらない。

基礎体力としての「書く力」のトレーニングは必要だ。書くことは心を耕すことであり、自己開示の大切な手段でもある。

そのためには、子どもたちに「伝えたい」という思いをわき起こさせるような手立てを考えるべきだと思う。

ところで、タブレットで書く方が、抵抗なく文章の書ける子どもがかなりの数存在する。

高学年～中学校にかけて、手書きで文章を書かせようとすると全く書けない子どもが、タブレットを「打つ」ことによって、ある程度のまとまった文章が書けるようになったという例をいくつも聞いた。

これはいったいどういうことなのだろうか？

低学年からの「書く」指導によって

「自分には書けない」

「書くことって苦手でしんどいなあ」

となっていた子どもが、タブレットで「打つ」ことによって、そのマイナス感情から解放されて、書き始めたのではないだろうか。

また、字の形を考えたとき、手書きの文章だと字の上手下手がはっきりと出る。筆圧が弱くてミスがはい回っているような字しか書けなかったら、そのことにコンプレックスを持っていて当然だ。

それがタブレットを使って「打つ」と、文字そのものはみんなと同じものを書くことができるので、書きやすくなるのかも知れない。

いずれにしても、タブレットの方が書きやすいと言う子どもが一定数いるということは、間違いのないことなのである。

第3章

国語は形式教科である

(1) 社会、科学、歴史、文化などがテーマでも、その内容を教えるためではない

国語は何を教える教科なのか。

国語の教科書には、物語や詩のような文学であったり、説明文では環境問題であったり、脳科学や生物学であったりと、たまに言葉に関する説明文もあるけれど、ほとんどが国語とは違った分野がテーマである。

例えば、光村図書の六年生の教材に「時計の時間と心の時間」という読解のための説明文がある。「筆者の主張をとらえ、自分の考えを発表しよう」というのが目標である。もちろん、この説明文における筆者の主張をとらえなければいけないし、そのために図やグラフなどを読み取ることも含まれている。

ここで大切なのは、筆者の主張をとらえるためにどのように読んでいくのかという過程なのである。この文章を読み取るための方法や技術が、別の同じような文章を読むときに活かすことのできる力とならなければならないのである。

ところが、この過程を重要視せずに、結果としての筆者の主張をまとめることだけに懸命になっ

ている教師がとても多いのである。ひどいときには、筆者の主張をまとめた文章を示して、それをノートに書き写させるだけで終わり、感想を書かせて発表し合うというようなものを指導としているのである。

これでは、心理学的な内容を理解することにはつながるかもしれないが、国語力をアップすることにはつながっていかない。

筆者の主張と事例を分けて、その関係を考え、文章の構成の工夫をつかみ、グラフや図の役割とその効果とを理解させてこそ、この説明文の学習をしたと言えるのである。

国語という教科は、基本的に形式教科である。さまざまな文章の読み取り方を教える教科である。

そのことを常に頭に置いて、学習計画を立てたとき、

「この学習を通じて、子どもたちに何の力をつけようとしているのか？」

という問いかけを持っておくべきだ。

(2) 読み方を教えるにはどうするか?

読み方、読み取り方を技術として教えるには、さまざまな方法がある。それらは、具体的な授業の例で示した方が分かりやすいと考える。以下、その一部を取り上げてみよう。

A 比喩表現をとらえる

文章中には比喩表現が使われることも多い。「スイミー」(レオ・レオニ)には、「カラスがいのように真っ黒」だとか「ミサイルみたいにつっこんできた」とか「にじいろのゼリーのようなクラゲ」、「風にゆれるヤシの木みたいなイソギンチャク」等とたくさんの比喩表現が出てくる。

一年生や二年生の教材であるから「比喩表現」という言葉までは使えないだろうが、「たとえ」の言い方として教えて、「○○のようにおいしい」とか「△△みたいにはやい」という言い方でそのものを詳しく言い換えて分かりやすくしているものだと教える。

何のどんな様子がそのものを表しているのか、例えば「にじいろのゼリーのようなクラゲ」というのは、「にじいろ」という言葉がカラフルで明るい色を表していることだし、「ゼリー」という言葉がプルンプルンしていて、しかも透き通っている様子を表していることを考えさせて、スイミーの見た「クラゲ」がどういうものであったかを想像させるのである。

さらに、光村の三年生の教材に「まいごのかぎ」という文学教材がある。その授業の一部を紹介する。（発…は、教師の「発問」を指す）

発…二年生のときに学習した「スイミー」を覚えていますか？
（「スイミー」の画像を見せながら、比喩表現の説明をする）
では、「まいごのかぎ」の一場面から、比喩表現を探してみましょう。
比喩表現を見つけたら、傍線を引きましょう。

※　子どもたちは傍線を引いたところを発表して、その比喩の表している感じを考える。

発…「ぱりっとしたシャツのような夏の風」これは、どんな感じがしますか？
（と言っても、子どもたちはイメージできないだろう。作者はさわやかさとか、すがすがしさとかをイメージさせたいが、子どもたちには難しいだろう。これは、具体的にパリッとした白いシャツの写真を提示して、教えるしかない。）

発…「おとうふみたいなこうしゃ」これは、どんな感じがしますか？

・・・おもしろくない。真っ白なだけ。

だから、りいこはかわいいうさぎを付け足した。

発…「赤いランドセルが歩いているように見えました。」これは、どんな様子ですか？

・・・りいこがだんだん下を向いて小さくなっている様子。

気持ちが落ち込んでいく様子。

発…「夏の日ざしをすいこんだようなこがね色のかぎ」これは、どんな感じがしますか？

・・・あたたかい。ここちよい。

発…「手に持つほうがしっぽみたいにくるんとまいています。」これは、どんな感じがしますか？

・・・かわいい感じ。生きているような感じ。

発…「かぎは、りいこにまばたきするかのように光りました。」これは、どんな感じがしますか？

・・・ウィンクしてる感じ。さそってるような感じ。

◆最後にもう一度比喩表現とは何かを確かめて、全文を音読する。

このように徹底して「比喩表現」を指導する。このことによって、子どもたちがこれから出会う文章において比喩表現が出てきたときに、立ち止まって考えることができるだろうと考えている。

B　行間を想像する

行間というものは、文学教材には必ず登場するものだ。そもそも文学作品は、全てを細かく言い切らないものである。細かく表現しないで省略してしまい、その省略された部分を読者が想像して補いながら読んでいくものである。

そこに文学作品を読むときの面白さもあるのである。

こと細かく全てのところを書き切ってしまう文章など、面白くもなんともない駄文であると言い切ってもいいだろう。

行間を読み取るというのは、文学の基本の読み方なのだ。これをきちんと読み方として子どもたちに教えていく必要がある。何度も何年もそれを繰り返しているうちに、行間を読み取るということが身についていくのだと考えている。

よく愚かな教師の指導に、教科書の行間に横線を何本か引かせて、

「音読のときに、線が一本のときには『イチ』と、二本のときには『イチ、二』と、三本のときには『イチ、二、サン』と頭の中で数えなさい。」

というような、何も考えない子どもたちを生産するような音読指導をしているのを見かける。全くのナンセンス！

行間には本来言葉が入っている。その言葉を省略して書かないのだから、読み手はその書いていないところを想像しなければならない。そして、その想像した言葉の分だけの間をとるのである。

一年生の教材文「大きなかぶ」に、次のような文章が出てくる。

「おじいさんが　かぶの　たねを　まきました。

あまいあまい　大きな大きな　かぶが　できあがりました。」

この一つ目と二つ目の文章の間には、長い時間があるのだ。そこで、子どもたちには、こう問いかける。

「おじいさんがかぶのたねをまいたら、すぐにかぶができちゃったのかな？」

すると、子どもたちは

「そんなことない。」

と考え始める。

「毎日、かぶの様子を見に行ったと思う。」

「水を毎日やりに行ったんじゃない。」

「こやしもあげたと思うよ。」

「雑草もぬいただろうね。」

という言葉が出てくる。それらを「おじいさんが　かぶの　たねを　まきました。」という文章と「あまいあまい　大きな大きな　かぶができあがりました。」という文章との間を広くとって板書しておき、その間に書き込んでいく。

「そうだね。おじいさんはかぶの種をまいてから、こんなにいろんなことをしていたんだろうね。でも、このことは文章には書いていないから、この部分は頭の中で読むんだよ。」

と言って、本文を音読させると、行間にあたるところをたっぷりと間をとって音読する。

　こういうことを繰り返して、行間を想像することを技術として指導していくのである。同時に間をとる意味も考えさせていくことになる。

C　情景描写の考え方

「らんまんとさいたスモモの花が、その羽にふれて、雪のように清らかに、はらはらと散りました。」

「大造じいさんとガン」のラストシーンの情景描写である。美しいシーンである。

「らんまん」とは、花が美しく咲き乱れているさまのことだ。それが残雪の羽に触れて、清らかに散る。それも、はらはらと散る。

「雪のように清らかに散る」って、どんな感じなのか？　けがれなく澄み切って美しいのが「清らか」である。

では、その「けがれない」って、どういう意味なのか。それは、「汚れていない」という意味である。

そうすると、ともかく、真っ白である。透き通るように真っ白な花びら。

そして「はらはら」。小さいものが静かに続けて落ちかかるのが、「はらはら」なのである。透き通るように白い小さな花びらたちが、音もたてずに静かに続けて舞い落ちている様子が「雪のように清らかに、はらはらと散りました。」なのである。

その「はらはら」とゆっくり散っていくスモモの花びらの向こうへ颯爽と去っていく残雪の姿がある。映画のワンシーンみたいな美しい表現である。

この美しい光景は、大造さんの心情を表現している。まさしく情景描写なのである。残雪ともう一度戦いたいとか、そんなことよりも、この残雪に大造さんが心を打たれているということがありありと分かる。

こういうふうに、言葉を追及して理解していこうとすることが、言語姿勢なのである。

ところで、五年生の平和教材に「たずね人」という文章がある。その五場面と八場面の二つの同じところから見た情景の描写がある。

Ⓐ「秋の空は高く青くすんで、ゆったり流れる川にも空の色がうつっていた。」

Ⓑ「秋の日は短くて日がしずみかけていた。静かに流れる川、夕日を受けて赤く光る水。」

この二つの情景描写から、主人公の心情の変化を読み取らせる。

先にあげた、「大造じいさんとガン」のラストシーンの「らんまんと咲いたスモモの花が……。」の情景描写は、子どもに読みを預けていたら、深いところには到達できない。

しかし、この「たずね人」の二つの情景描写は、おそらく子どもたちだけで考えさせて話し合わせたら、充分な答えが出てくる。

「秋の空の高く青くすんで」いる様子と「日がしずみかけて」いる様子

「ゆったり」と「静かに」の違い

「空の色がうつり、青くすきとおった川」と「夕日を受けて赤く光る水」との違いこれらを比べることで、心情が分かってくる。細かく教師は口出ししなくても、子どもたちだけで読み込んで到達できる。

子どもたちだけでできるのかどうかを吟味して、できそうもなければ、言葉を丁寧に教えて導いていく。それこそが国語指導の肝だと思う。

D　要点のまとめ方

説明文では、要約することが重要なポイントになる。三年生ぐらいから繰り返し要約するトレーニングを重ねていかねばならない。

要約ではキーワードを取り出すことが全てである。低学年から少しずつキーワードの取り出し方を指導していく。

キーワードとは、

①　題名と関係のある言葉

②　繰り返し出てくる言葉

③　言い換えの言葉に注意

④　「とても」「すごい」「だいたい」のような言葉を強く強調する言葉は、入れない

というのが基本である。このほかにも、キーワードについての考え方にはいろいろある。

接続語はキーワードにならないとか、並立の言葉は、一つだけを取り出せないとかである。

例えば、「北アメリカの西海岸とアジアの一部地域で生活している。」という表現があったとき、キーワードとして「北アメリカの西海岸」だけを取り出すことはできない。

というのは、「AとBとCが」という表現があったときに、Bだけ取り出して、AとCを無視することはできない。AとBとCとは、並立の関係だから、一つだけをキーワードとして取り上げることはできないのである。

さらに、要約するためにキーワードを取り出すというときに、「要約するときに二十文字程度でまとめる」という縛りをかける。そうすると、「北アメリカの西海岸とアジアの一部地域」という言葉の字数だけで十八文字あるからキーワードとしては使えないとなって、機械的に、「北アメリカの西海岸とアジアの一部地域」という言葉全部がキーワードとしてはカットされる。

これって大きなことなのである。

要約と言うのは、文章をカットしていくことでもあるのだから、大きくカットできるものはカットしていけば、簡単にまとめられやすくなるということだ。

このように、国語では、形式教科として力をつけるための授業を中心としていくべきだと考えている。

ところが、現場では道徳のような授業が横行している。それによって、国語力の低下が起こっているようだ。

第4章

ICTをどう考えるのか

(1) タブレットを使った授業でどんな国語の力がつくのですか？

関東地区や東京地区の私学では、多くの学校が十年以上に渡ってタブレットを活用してきている。それに対して公立学校では、コロナで緊急導入されたタブレットをどう使っていくか、というレベルのところが、未だにたくさんある。一日に一度も使わないで終わる教室もあるそうだ。話にならない。東京や関東地区の私学では、タブレットの使い方などという初歩のレベルは、もう卒業している。実践として、授業に活かした形で、提示している。

「こうよう会」（私学関東地区の国語部会）の実践提案では、普通にタブレットを駆使したものが出てくる。僕も

「へーえ、こんな使い方があるのかあ。」

と、感心することしばしである。かなりタブレットを使い込んだ、面白い実践が毎回提供されるのである。

タブレットを使って子どもたちの意見を集約したり、パワーポイントで発表原稿を作ったり、言葉の意味を調べたり……と、タブレットにはいろいろな活用法があり、それらは常に進化し続けている。

これは今後も大いに開拓していくべきことだと考える。

そういう中で僕が常に先生方に問いかけるのは、
「その授業でどんな国語の力がつくのですか？」
ということだ。

国語の授業では、タブレットを使うことが主眼になりすぎてはいけない。国語教育としての意義をしっかりと見据えて授業づくりをしていかねばならない。

例えば国語の平和教材の授業で、戦争の悲惨さを子どもたちに訴えるために、戦時中の動画を子どもたちに示して考えさせるような指導をする先生たちがいる。

今はインターネットを子どもたちが駆使して、自由にそういった画像や映像を取り入れることができる。それを子どもたちが自分の自由な時間を使って取り入れることはかまわない。推奨しても良いだろう。

社会科や総合的な学習などの教科によっては、タブレットを駆使して探究的な学習を進めていくのも良いだろう。

でも、国語の授業中に教材から離れたところでそういった映像を観ることは、文章を読み取る上で、邪魔になることが多い。刺激的な映像に引っぱられて、本教材から離れていってしまう。

国語は、読み取り方を教えるものである。本文の言葉を丁寧に読んで、文章の世界を読み解いていくことが国語の授業である。それに邪魔となるような映像など、見せる必要はない。

　タブレットを駆使することばかりに囚われ、その面白さや魅力に取りつかれて本質的な国語の授業の在り方を見失ってはならない。

(2) タブレットは、道具なのか、環境なのか？

タブレットとは、いったい何だろうか？　そこを考えておきたい。

言葉の上での遊びみたいに思われるかもしれないが、タブレットの位置づけにおいて、とても重要なことだと考えている。

タブレットは、Ｙａｈｏｏ！やＧｏｏｇｌｅなどの情報の検索、メールの送受信によって遠距離の人との交流、写真や動画の撮影や鑑賞、ソーシャルメディアの利用など、さまざまな目的に使うことのできる道具だ。特にポータブルで軽量なデバイスであるため、学校現場での活用にぴったりの道具である。

また、タブレットを使ったプレゼンテーションや対話型学習や教育アプリケーションを利用して子どもがより参加型の学びを行うことが可能だ。

それは、見方によっては、環境を提供しているととらえることができる。

タブレットを道具と見るのではなく、環境ととらえることによって、教育の可能性はぐんと広がると考えている。

(3) 書くことに対する二通りの考え方

タブレットで文章を書くことについて、さまざまな論点が示されている。

タブレットを使うと、書字障害の子どもが書きやすくなる。また、書くことに抵抗のある子どもも、タブレットを使うと書きやすくなるという実態がある。

手書きで「書く」作業をするときには、筆記用具を持って書き続けるという「書く体力」のようなものが必要だ。ところが、タブレットを使うことに慣れてしまうと、そういう労力は必要なくなってしまう。

タブレットは、指で直接画面をタッチして文字を入力することができるため、従来のキーボードよりも直接的な操作ができる。

特に、タッチスクリーンを使用したら簡単に文字を書くことができる場合がある。これなら、低学年の子どもたちでも簡単にできてしまう。

スマホはまさしくそういう形の延長線上にある。今の子どもたちは、高学年以上になれば、スマホを自由に扱うようになるのだ。

また、多くのタブレットには、手書きで文字を書くためのペンが搭載されている。これにより、子どもたちは手書きの感覚で文章を書くことができ、創造的な表現が可能になる。

タブレットのアプリやソフトウェアは、文章入力をサポートするための自動補完や校正機能を持っている。これをうまく使うと、子どもたちの文章作成能力は飛躍的に向上する。

さらに、タブレットを使うことで、文章に絵やイラストを簡単に追加できる。これにより、子どもたちは文章をより魅力的に、楽しく、理解しやすくなる。

このように、タブレットの機能を有効に活用していくことで、子どもたちの「書く力」の範囲も広がっていくのである。

一方、文章を書くときに、手書きの方が考えやすいし、書きやすいということがある。書く力の基本が手書きにあるからだ。

手書きは脳の発達に良い影響を与えるとされている。文字や言葉を書くという動作は、脳の機能を刺激し、認識力を高めることが研究で確かめられている。タブレットを扱うときの指の動きが脳にどういう影響を与えるかについては、まだ分かってないが。

手書きは、手と脳の間の連携を促進する。手で文字を書くとき、脳は細かな運動を調整し、文字の形を記憶していく。このプロセスは記憶と学習に深い関わりがある。

手書きによる文章作成は、言語と文字の結びつけを強化する。音と文字の関連性を理解し、スペルや文法を学ぶ際にも手書きは助けになる。

手書きは、個人の個性や創造性を表現する手段になる。文字やイラストを描くことで、子どもたちは自分自身を表現する楽しさや重要性を実感できる。

手書きによる学習は、記憶にも良い影響を与えるとされている。手で書くことで、情報が脳により深く印象付けられ、記憶に長く残りやすくなるのである。

手書きは、子どもたちの集中力を高める助けになることがある。デジタルデバイスの場合、他のアプリや機能に気を取られることがあるが、手書きはより集中して行える。

つまり、手書きは子どもたちの認知能力、創造性、記憶力、集中力、そして言語能力を向上させる効果がある。


僕は、十年前に原稿を書くときには全て手書きで書いてから、ワープロで打ち換えていた。どうしても手書きで書かないと文章を書いている実感がなかったし、実際、メモのような形でもいいから、手書きでないと文章が作れなかったのだ。

でも、今は直接パソコンでワープロ打ちして書いている。

このような状況から考えて、僕は、これからは小学校の低学年からワープロ打ちでタブレットをノートとして使っていく形を、じっくりと教えていくべきだと思っている。早ければ早いほど扱いにたけていくことは、間違いないからである。

日本のＩＣＴ化は、世界のレベルから比べて著しく遅れている。その要因の一つが、学校におけるＩＣＴ学習の遅延が大きく影響している。少しでも早く追いつくために国を挙げて努力していかねばならない。

おそらく授業のタブレット化は、どんどん進んでいくだろう。全ての教科でタブレットを使いこなした子どもたちの姿を授業で見られることだろう。

そのときに落ちこぼれて十分に使えない子どもたちが出ないように、一人一人を丁寧に教えていくことは、必要不可欠なことなのである。

しかし、同時にひらがなから丁寧に教えていくことも大切にして、書写の時間を活用していくことは推奨したい。

(4) 漢字指導が変わる？

小学校の教育漢字は、基礎的な漢字を中心に学ぶため、世の中にある全ての言葉を理解することは難しい。しかし、小学校の漢字学習は、読み書きの基礎を築くための基本的なステップである。これによって、生徒は一般的な文章や文書を読み書きする能力を養うことができるのである。

現代の情報化社会では、インターネットや専門的な文書などで教育漢字以上の漢字が使用されることは多い。このような場合、辞書や検索エンジンを利用して漢字の意味や読み方を調べることが重要である。子どもに、情報の適切な検索方法や漢字の意味を理解する能力を育てることが求められる。

物事を調べながら、言葉の意味を調べるという活動がスムーズにできるように指導していかなければならないのではないだろうか。

学校現場では、小学校の漢字学習の範囲内での理解を重視しながらも、情報リテラシーを含めた情報処理能力や調べ学習のスキルを教えることが重要である。また、学習者自身が興味や関心を持ち、積極的に学習することも大切である。

最終的には、小学校の漢字学習は基礎を築く段階であり、中学校や高校での学習を通じて漢字の幅が広がる。継続的な学習と読書活動を通じて、漢字の理解と使用能力を高めることが重要であると考える。

検索したら知らない熟語などがたくさん出てくるものだ。それらの熟語の読みは、教育漢字しか知らない子どもたちには、難解なものとして映る。そこで学習がストップしてしまいかねない。今後は、教育漢字以上の常用漢字も小学校高学年になると少し読めるというような指導も必要なのではないだろうか。

ところで、このようなタブレットの普及と漢字のことを考えてくると、ときどき学校現場で問題になる、一部の教師による「とめ、はね、はらい」に対して執拗に子どもたちに要求するという指導には、全く意味がないということになる。

「とめ、はね、はらい」については、元々文化庁でも指摘されているように、多くは許容範囲なのである。それを細かくしつこく子どもたちに強要していた漢字指導は、完全に意味がなくなってしまうということだ。

現場には、未だにそういう優先順位の低いことに力を注いで、そのくせタブレットは苦手だからと、子どもにもめったに使わせないような教師がいる。

このような方は、老害に近いので、学校現場から早急に引き下がってほしいと思う。

これからの漢字指導は、教育漢字以上の漢字を読めるようにすることが必要である。それらの漢字は書けなくても良い。テストしてマスターする必要もない。

よく出てくる常用漢字に絞って、基本語彙を設定して、せめて読めることだけでもできるようにしていくことが必要であろう。

第5章
国語は言葉を教える教科

(1) 音読はなぜ大切なのか

戦後、アメリカのプラグマティズムの影響が日本の教育に出てきた。

「声を出さないで、目で読むこと」を優先【1年】

一九五一年、「学習指導要領　試案」には、そう書いてある。僕は一九五五年生まれだ。小学校のときに音読していた記憶は全くない。

ともかく、一九六五年頃まで、音読衰退、黙読重視が行われてきた。戦前の学校で大きな声で子どもたちが音読していた姿は科学的根拠もなく否定されていった。

一九八五年~九〇年代には、さかんに「音読復権」が叫ばれていた。これは、理解と表現の関連ということともつながっていた。

齋藤孝さんの「音読のススメ」や川島隆太さんの「脳の話」等が盛んにもてはやされて、近年、一般的にも音読に注目が集まっている。

声を出すことは、人としての喜びである。音読は素晴らしい。人間の根源的な営みにつながる活動だ。

一斉読みでは、友だちと声を合わせることの喜びを感じることができる。また、自分の声が音読を繰り返しながら変わっていくことの実感を持つことの喜びもある。

音読は、文字を音声化することで、脳内の言語領域などの活動を刺激する。これによって、言葉の音と意味が結びつき、言語理解と習得が促進される。

また、音読は、聴覚刺激としても働く。音読しながら、同時に自分の耳で自分の声を聞いているのだ。聴覚情報は、脳の聴覚野や関連する神経回路に伝達され、脳全体の活性化を促す。このような脳の活性化は、ものごとを記憶させることにつながる。文章を音読することで、内容をより長期的な記憶に定着させる効果が期待できるのである。簡単に言うと、「音読した方が記憶に残りやすい」ということなのだ。

さらに、音読は集中力や注意力を高めるのに役立つ。文章を正確に読み上げるためには、文字や語句の意味を理解し、発音をコントロールする必要がある。この過程で、前頭葉や頭頂葉などの認知制御を担う脳の領域が活発に働き、認知機能の向上が見込まれるのである。

音読は発音の練習にもなる。子どもが正確な発音を習得することで、他者とのコミュニケーションが円滑になるはずだ。文章を音読することで、感情や意図を適切に表現するスキルも養うことができる。

算数の文章題を解いているときに、子どもが
「分からない。」

を繰り返していたら、僕はまず、

「音読してごらんなさい。」

とアドバイスする。

すると、子どもは文章題を声に出して読み始めるのだが、途中で
「あっ、分かった！」

と言って解き始めることにときどき出くわした。

音声理解というものだと思うが、これまで黙読ではアバウトな読み方しかしていなかったのが、音読してみると、いいかげんには読めなくて、文章題をきちんと読み切ることになる。それが、理解を促すことにつながるのだろう。


音読があらゆる面において重要だということが、お分かりいただけたかと思う。

(2) 言語感覚の大切さ

言語感覚とは、言葉に対して、それが正しいのか誤っているのかということ。

また、その言葉の使い方があっているのかどうかということ。

さらに、その言葉の使い方が美しいのか醜いのかということ。

正誤
適否
美醜

この三つを瞬時に判断する力が言語感覚ということだ。

言い換えれば、直感的な判断力、感覚的に言葉をとらえる力のことである。


言葉ではてな？　と感じる感覚は、例えば、

「水道管が爆発しました。」

という言い方、なんとテレビのニュースで使われたのだが、「あれっ？」と思わないだろうか？

思わなければ、言語感覚が弱いということだ。

爆発というのは、爆弾で破壊する（される）ことだ。

ということは、「水道管が爆発した」ということは、この水道管に爆薬でもしかけられたのだろうか？

テロの話なのだろうか。

正しくは、「水道管が破裂しました。」である。

「対症療法」を「対処療法」と、アナウンサーが読み間違ったことがある。

その瞬間、「あれ？」と思ったら、言語感覚が正しい人。

「千円からいただきます。」

コンビニなんかで、ときどき言われる言葉だが、これに違和感を感じることはないのだろうか？

「～から」って、何かおかしくないか。

こういうことを感じるのが、言語感覚なのである。ある意味、いやらしい揚げ足取りになりかねないが、やはり正しい言葉を使わないとね。

さらに、言葉の美醜も言語感覚の一つである。

言語感覚には、言葉の美醜を感じ取るということがある。

子どもたちは、日常生活で醜い言葉は、勝手に学んでいく。わざわざ教える必要はない。

しかし、美しい言葉は、それを実感を伴って学ばないと、何も考えずに暮らしていたら、入っていかない。

・若葉	・さわやか	・さえずる	・名残
・耳をそばだてる	・暁	・ここちよい	・ほのかに
・あわれ	・風かおる	・ほほえむ	・おだやか
・きらびやか	・ほんのり	・ゆずり合う	
・やわらぐ	・すがすがしい	・きらめく	

右に挙げた言葉は、光村図書の五、六年の国語の教科書から取り出した言葉たちである。

僕が主観的に「美しい言葉だなあ」と感じる言葉たちである。

こういう言葉たちは、大切に扱って、丁寧に指導してほしいものである。

言葉を丁寧に指導するとは、どうすることか？

特に抽象的な言葉の指導については困る。例えば「さわやか（爽やか）」という言葉。国語辞典で調べると、「さっぱりして気持ちのよいさま」「すがすがしいさま」というように記されている。

この言葉を例えば五年生の子どもに指導するとすれば、このまま言葉の説明を読むだけで子どもが理解できるだろうか？

国語辞典で子どもに調べさせた意味をそのままノートに書かせて終わりというのは、言葉の指導とは言えない。それが、読んでそのまま意味がすんなりと理解できるような場合なら良いけれど、「さわやか」の意味の場合、そうはいかない。

「さわやか」の意味で出てくる「さっぱり」という言葉、これがまた理解しにくい言葉だ。さらに「さっぱり」の意味を辞典で調べると、「爽やかな様子」となっている。これでは、辞典だけで意味を理解することはできないと言えるだろう。

言葉の意味を理解させるには、いくつかの方法がある。まず、実物を示すこと。現代の子どもたちには圧倒的に体験がすくないので、実物を画像や動画で示すことは、時と場合によっては、必要だと思う。

続いて、国語辞典などで意味調べして理解すること。これは、先ほども述べたように、その学年のほとんどの子どもたちが意味を読んだだけで理解できるような内容であることが条件である。

そして、もう一つの方法は、具体的な事例から意味を理解するやり方。

「高い山に苦労して登ったとき、山頂で下界の美しい風景を見下ろして、少し吹いている心地よい風に当たっているときに『さわやか』な感じがする。」

というような具体的事例を提示して、

「さわやかって、そういう感じなんだ。」

と理解させる方法である。


丁寧な言葉の指導とは、言葉に適した指導法で、子どもたちが本当に得心した理解ができるような工夫をすることである。

(3) 言葉の不易と流行

言葉というものは、変化するものである。

平安時代と今とでは、ほとんど違う言葉を使っている。

今どき、自分のことを言うときに、平安時代のように
「まろは……」

なんて言葉を発する人はいない。


武士の時代の言葉もそうだ。

「せっしゃ」という言葉も今、使うことはない。


このように時代と共に消えていく言葉もたくさんある。これは、言葉の文化が活性化しているということで、変化しない言葉の文化は、すたれていくから、悪いことではない。

時代の変化とともに、言葉は変わっていって良いのである。


僕が学級通信に「一所懸命」と書いたら、若い先生が

「多賀先生でも、こんな間違いをするんですね。」

と言ってきた。

これは、元々は「一所懸命」が正しい言葉。

鎌倉時代の御家人と幕府との関係で、幕府が御家人に土地を渡す。その土地、その一ヵ所を大切にして、幕府にご恩を感じて奉公するという封建制度の基本パターンからきている言葉なのである。ところが、もう国語辞典にも「一生懸命」と表記されている。「一所懸命」の方が死語になりつつあるということだ。

「貴様《きさま》」という言葉が使われだしたのは、室町時代末。武家の間で使われていて、相手への敬意を表す言葉だった。

「御前《おまえ》」という言葉も元は敬語だった。

でも、今は、どちらも、相手を見下したときに使う言葉に変わっている。

このように、言葉とは時代の変遷とともに、移り変わるものなのである。

そうならない言葉というものは、文化としてさびれていくのだと言われている。

だから、言葉は変わっていくんだけれども、すぐに消えてしまう言葉もある。

「チョベリバ」「チョベリグ」という言葉を覚えていらっしゃるだろうか？（ちなみに「チョベリバ」とは、「超ベリーバッド」の略でとてもよくない状態を表す言葉で、「チョベリグ」はその正

反対の意味）

今、この言葉を使う人は誰もいないし、若い方には何のことか分からないほどである。

「トレンディ」という言葉も、一世を風靡した言葉である。ドラマにもよく使われていた言葉だが、これも、今、その意味を知っている若者はいないし、聞いたこともないだろう。

このような一時だけ大流行して消えてしまう言葉もあれば、「キモイ」や「うざい」のようにずっと残っていく言葉もある。

言葉は時代とともに変化していくものと、そのときの流行語で、消え去っていくものと、二通りあると考えられる。

(4) では、基本的な語彙指導はどうするか?

基本的な語彙指導について考えよう。

いずれの教科書にも巻末には、「ことばのひろば」的なページが数ページある。

これをきちんと指導していない先生はかなり多い。

例えば、「天気」を表す言葉として、「はれ・くもり・雨・ふる・やむ・風・ふく」等というように、誰でもが知っているような言葉が出てくる。だから、特別に指導しなくてもいいだろうと思いがちなのである。

しかし、こうした基本的な言葉を単に覚えるだけでなく、種類を考えたり、使い方を理解したりすることは、とても大切なことなのである。

これから長い期間国語の学び手となっていく子どもたちに、言語感覚や言語姿勢を育てるという大切なことを忘れてはならない。

◎「仲間外れをみつけよう」

言葉を使ったゲームにしよう。とても簡単に、楽しく言葉の学習ができてしまう。子どもにノー

トを開かせてスタンバイさせ、

「仲間外れを見つけましょう。今から五つの言葉を言います。一つだけ違う仲間の言葉があります。それを見つけて書きましょう。一度しか言いませんから、よく聞いてください。」

と言って、教科書からピックアップした言葉を元に次のような言葉を言う。

「ふとん　ベッド　まくら　コップ　もうふ」

そして、仲間外れだと思う言葉に挙手して、どうしてそれが仲間外れなのかを発表させて、考えさせていく。そして、その言葉群が何のグループかを考えてまとめる。これは、言葉を語彙群でくくるという大切な語彙指導の一つである。

◎「しいて言うなら」

ちょっと似ている「気持ちをあらわす言葉」を並べて考えさせる。

発…「つぎの言葉は、どちらでも使えますが、『どちらかにきめなさい』と言われたら、どっちに当てはまるでしょうか。」

①　ざんねん　　くやしい

・（　　　　　）なことになってしまった。

・（　　　　　）気もちをわすれないように。

②　うれしい　　たのしい

・うちのかぞくは、いつも（　　　　　）。

・（　　　　　）手がみがとどいた。

③　こまかい　　くわしい

・もっと（　　　　　）せつ明をしなさい。

・あんまり（　　　　　）ことばかり言わないで。

このようにちょっとニュアンスの違う言葉を並べて違いを考えさせるのである。

◎言葉を突き詰める

言葉の意味の説明をして、国語の授業だと思っている教師がいる。

例えば、

「山路来て　なにやらゆかし　すみれ草」

この句を説明するのに、意味だけ話しても国語力はつかない。「ゆかし」という言葉を「こころがなんとなく惹かれる様子」だと話して、さらに「奥ゆかしい」というのは、奥に何か心の惹かれるものがあるようなそんな様子のことだと、話す。

これなら、言葉を広げて追求していく姿勢も伝えられると思わないだろうか?

◎ 文章中に出てくる言葉を吟味する

文中の言葉の吟味を教材研究の段階で丁寧にすることで、授業でどういう指導をすれば良いのかを考えることができる。

どの教科においても、教科書に出てくる言葉や用語くらいは、教師が自分で調べるべきだ。自分で調べながら、その言葉を子どもたちにどう説明するかを考えられる。子どもたちに伝えるときにどう言えば良いのかも考えられるし、伝えないという判断もできる。

自分で調べていない教師というのは、高学年以上のちょっと頭のまわる子どもなら、すぐに分かってしまう。教師の底が見えてしまうのだ。それでは、授業を構成する要素の一つである「教師に対する敬意」は生まれてこない。

言葉の吟味とは、「この学年の自分のクラスの子どもたちにとって、この言葉が理解できるのかなあ」と思いながら、言葉をチェックしていくことである。「花いっぱいになあれ」（松谷みよ子）を例にして、言葉を吟味してみよう。

◆「さすがに　くたびれて、ふわふわ　ふわふわ　ゆれながら……」

という表現が出てくる。僕は、ここで「さすがに」と「くたびれる」という言葉をチェックした。「そんな言葉くらい分かっている」と思われるかも知れないが、言葉に関しては、自分の思い込みというものがあるので、国語辞典で確かめていく。

「さすがに」を小学国語辞典で引くと、「そうはいうものの、やはり」と書いてある。広辞苑では「やはり」だけである。

「そうはいうものの、やはり」だなんて、一年生に理解できるはずがない。それをどう説明するのかを考えていくわけである。

言葉の説明の仕方には、大きく分けて二通りある。言葉を別の言葉で説明するやり方と、実際の例で説明するやり方である。この場合は、後者を使うのが妥当だと考えた。

「きのうから、全然寝ていません。忙しくて寝る時間もありませんでした。さすがに、眠くてたまりません。」というようなときに使うのだと説明した。また、「やはり」は子どもの語彙にないので、「やっぱり」と言い換えることもする。

このように、いちいち辞典を引きながら考えていくことが教材分析であり、同時に指導にもつながっていく。

◆さらに分析を続ける。

「?」を書き込んでいくのである。同じ「花いっぱいになあれ」で、僕は、「学校の　子どもたちが、ふうせんに　花の　たねを　つけて　とばしました。」というところに—線を引いて、「経験の有無?」と、書き込んでいる。風船にお花の種をつけてとばした経験はあるのか?　ということだ。もしも子どもたちが学校の行事で飛ばしていたら、全くおさえなくて良い言葉である。でも、テレビですら見たことのない子どもがいたら、後の話がイメージできない。

そういうことを考えて「?」をつけていく。

◆言葉の意味だけではなく、何かひっかかる表現にもチェックをしていく。

「その　ふうせんの　一つが、どう　まちがえたのか、町を　とおりぬけ……」というところでは、僕は、「どう　まちがえたのか」という言葉に——線を引き、「なんでこんな表現をしているのか?　語っている感じを強くしているのかな」と、書き込んでいる。

◆「小さなきつねの子」という表現にも——線を引いている。

ここは、子どもでも、小さい子どもなんだから、本当に幼いのだということを表している。そこから、「人間で言ったら、何歳くらいかなあ」という人物設定の発問が生まれてくる。

このように、いろいろと書き込みをしながら、教材が自分のものになっていくのが、教材分析だと考えている。教材分析は、子どもを想定して、授業をつくりながらしていくものなのだ。

(5) 協働学習の実態と課題

全国各地で「協働学習」が繰り広げられている。昔ながらの一斉指導とは違う学習の形が浸透してきているということだ。

ところが、各地で課題としてあがったのは、次の四つだった。

A　数名の活発な児童のみの話し合いになりがち
B　教師の出る場面が分からない
C　日常の話し合い活動の手立て
D　児童が自分の考えを広げたり深めたりする話し合い活動の手立て

それぞれについて、もう少し細かく見ていこう。

A　数名の活発な児童のみの話し合いになりがち

①　自己主張したい子どもがいる

人間は、自己主張したいものである。特にそういう欲求の強い人は、がんがん主張していこうとするものだ。特別強い立場でなくても、そういう子どもがいたら、その子に場を仕切られてしまうものだ。

グループには、ときどきそういう子どもが存在する。

②　話すことに自信のない子どももいる

話すことに自信のない子どもはどうしても気おくれしがちだから、発言は控えめになる。言いたいことを言いにくい土壌があれば、沈黙するか、適当にうなずくかで終わってしまい、自分が本当に思ったことを口にすることはできないものだ。

③　子どもは、役割を選ぼうとする傾向がある

その場を支配しようとする子どもが出てくると、それに対する自分の役割を考えようとする子どもが出てくる。忖度してしまうわけである。

「自分は聞き役だ」と考えて、その役割を演じようとする子どもも出てくる。

これが続いていくと、支配者と弱者という関係が生じやすいということなのだ。

協働学習で最も気をつけなければいけないのは、「学び合い」などのリトルティーチャー制度をとったときに、教える側と教えられる側の関係性が固定化されることである。

教えられる側が教える側になることは、教科の学習においては、めったに起こらない。「できる子ども」が「分かりにくい子ども」に対して、いつも指導するという形になる。そうして、上下関係が構築されてしまうことは、考慮しておかねばならないことだと思う。

④ 人は、早く話をして自分の考えを分かってもらいたいとあせる

早く話したがる状態のときには、他人の話はなかなか聞けるものではない。話されている内容に専念して、じっくりと聞くことができなくなる。

他者の話が聞けないということは、協働学習の基本となる聞き合いが成立しなくなるということだ。

こういうことを踏まえて協働学習を考えておかないと、協働学習そのものが成立しなくなる。

B 教師の出る場面が分からない

一斉授業と言うのは、全体の子どもたちの状態を把握しやすいものである。子どもたちが一応、前をしっかりと向いているのだから。子どもの集中が切れたら、表情から、すぐに教師に分かってしまう。目が泳いでいたり、よそごとを考えてぼんやりしていたりと、顔を前から見ていたら、よく分かる。

しかし、協働学習をスタートしたら、グループの話し合い状況を全て見とるなどということは神様にしかできない。

協働学習は、子どもたちの話し合いに入った途端に、教師が子どもたち一人一人の状況を把握しにくくなるということである。

「協働学習」や「学び合い」、ファシリテーション、ワールドカフェなどのグループに分かれての学習形態のときの教師の発問は「説明」が主になる。

説明は「インストラクション」とも言われるが、要するに、これからの学習をどう進めていくのかということを子どもたちに認識理解させることが目的である。

ほとんどのグループ学習の失敗は、この「説明」が十分になされないことが原因である。説明がいいかげんだと、子どもたちは、何のためにどう話し合うかを分からないままに、無目的に話し合いに入ってしまう。

学習の手順の説明

自分たちが何をしていくのか、どのようなステップを踏んでいくのか、ということの説明である。どの手順でどの内容をどのくらいの時間をかけて学習していくのかを、きちんと説明する。ただし、一度説明しただけでは、全過程が全ての子どもの頭に入っていくはずはない。だから、説明した手順をプリントアウトして子どもたちに配るか、大きく印刷して教室に掲示しておくかしなければならない。

学習の価値、意義の説明

何のためにこのグループ学習をするのか、ということの説明である。これは、学習目標の意義に対する説明と、学習形態そのものについての価値づけの説明とに分かれる。

ところが、こうしたことを十分に説明できないことが多いようである。説明するために十分な準備をしないからである。どんな学習でも、最初にその学習の意義を説明する必要があり、子どもたちがそのことを頭に置いて活動しなければ、学習の効果は薄い。

例えば、算数の時間の始まってからの三分間を毎回計算練習にすることの意義を、このように説明する。

「計算練習はね、脳を活発に動かすんですよ。どんなスポーツでも、準備運動をするでしょう。準備運動しなかったら、大けがしたり、体がうまく動かなかったりします。それと一緒で、計算練習で脳を動かしてから、授業に入ると、脳が良い動きをするようになります。そのための三分間です。三分間、脳を集中して動かしましょう。そうすると、その後の授業のときに、君たちの脳が活発に動いて、授業が分かりやすくなります。」

このように、学習活動に入る前に、その活動の意義を子どもたちに理解徹底することは、考える子どもを育てることにもつながると考えている。

話し合いの仕方の説明

例えば、グループごとに司会者、記録者、発表者等に役割分担して話し合うことや、自信のある子どもがグループのみんなに学習した内容を説明することなどである。

高学年の場合は、それぞれの役割を各自が果たすようになっておかなければならない。しかし、低学年から少しずつ司会者、記録者、発表者の役割についてシミュレーションをすることによって体験をさせていくことが、必要だろう。

C　日常の話し合い活動の手立て

日常の話し合い活動を育てておかないと、協働学習における話し合いなど成り立つはずがない。日常の話し合い活動における最大の基本は、聞くことである。

まずは、友だちの声を聞ける子どもたちにすることが大事なのである。

クラスとしての「聞き合う」かまえを育てることが、必要である。

そのためには、次のようなやり方がある。

1　クラス全員に「聞きなおし」を推奨することで、全員がちゃんと聞こうとするムードを作る。

「今、何を言ったの？」

「聞こえないから、もう一度言ってください。」

というような言葉は、大事だ。友だちの言ったことが聞こえてなくても平気な子どもにしてはいけない。

ただし、小さな声で話したり、つたない表現をしたりする子どもを、個人攻撃することにならないようにしないといけない。

ときには、
「今の君たちの聞き方だったら、聞こえないのは当たり前でしょう。」
という指導も必要である。

２　友だちの話を聞くときの反応の仕方を教えるべき。

友だちが何か発言したときに、うなずいたり、拍手したり、首を横に傾けたり……と、目に見える形で、相手の言うことを聞いたら、何らかの形で自分が表現することを教えるのである。

３　「いい耳作ろう」と意識づけて、「イイミミチェック　四年生」（次ページ参照）のような、聞き方のチェックリストを用意して、自分たちの聞き方を振り返ってチェックするなど、自己評価していくようにさせる。

聞くことは自分の意志が決める。聞こうという気持ちにならなければ、相手の言葉は自分の中に入ってこない。

子どもたちが自分の聞くことに対する姿勢や考え方を醸成するような機会を作ることが大切だ。

（詳しくは、拙著『増補・改訂版　全員を聞く子どもにする教室の作り方』黎明書房を参照）

イイミミチェック　四年生

イイミミチェック　四年生

▼あてはまる数を○でかこむ。

1　よい
2　少しよい
3　あまりよくない
4　ぜんぜんよくない

・話し手の方に顔を向けている。	1	2	3	4
・話し手の方に心を向けている。	1	2	3	4
・うなずいたり、首をふったりしながら聞いている。	1	2	3	4
・聞き取れなかったときに、相手に聞きなおしている。	1	2	3	4
・アルバイト（手作業）しないで聞いている。	1	2	3	4
・話し手の言い方のよいところを考えて聞いている。	1	2	3	4
・しずかに聞いている。	1	2	3	4

（多賀一郎『増補・改訂版　全員を聞く子どもにする教室の作り方』黎明書房より）

D　児童が自分の考えを広げたり深めたりする話し合い活動の手立て

個人の考えを保証するには、書かせるしかない。書かせるための時間をきちんととることが大切なのだ。

一番丁寧に考えて時間のかかる子どもが書けるための手立てを打たなければならない。

自分の考えがないと、どうしても人に引っ張られてしまう。しかし、文章に書いていたら、自分の考えとの比較ができる。

それが「考えが深まる」ということではないだろうか。

(6) 個別最適化は、国語科に合うのか？

タブレットの導入を受けて、学校現場では個別最適化ということが、盛んに言われるようになってきた。

個別最適化の必要性とか良さとかは、主に次のように言われている。

■ 多様性の認識

子どもたちは異なる学習スタイルや能力を持っている。それぞれの学び方が違っているということだ。これまでは、それを一斉指導の形で全ての子どもを一つの指導法でひとくくりにして、それについてこられない子どもたちを切り捨ててきた面があった。

それぞれの個に応じた学び方が必要だということだ。

■ 特別なニーズへの対応

ディスレクシアや書字障害等の学習障害や特別なニーズを持つ生徒に対しても、適切な支援を提供する必要がある。タブレットはそれを可能にする手段である。字を書くことに抵抗のある子どもは、タイピングや音声入力を使うことによって、障害をクリアすることができる。

一人一人への個別のアプローチが重要なのである。

■デジタルツールの普及

デジタルツールやオンライン教材の普及により、個別の学習進度やニーズに合わせた学習がより実現しやすくなっている。

例えば、教材で分かりにくい言葉が出てきたときのことを考えてみよう。分からない言葉というものは、子ども各々によって違っているものだ。育ってきた生活環境も経験も全く違うのだから、子どもの持つ語彙もそれぞれで違っている。

だから、一律に同じ言葉の意味を調べることに意味はない。子どもたちがいつでも自由にタブレットで検索することができるようにすれば良いのである。

■学習データの収集と分析

学習データの収集と分析を通じて、子どもたちの学習の進捗状況を把握しやすくなった。これによって個別最適化の基盤が整っている。つまり、子どもたち個人も自分の必要に応じてデータの収集と分析ができるということだ。

■ 主体的な学習につながる

生涯にわたる学習を進めていくために、子ども自身が自己管理し、興味に基づいた学習を行うことが重要視されている。

自ら課題を見つけて、自分で学習の計画を立てて、自分で学習を進めていく子どもを育てていくことが、これからの教育の大きな課題になっている。これは、まさしく個別最適な学習なのである。

このように個別最適化の必要性は明確なのだけれども、それが国語教育に合うかどうかについては、もう少し考える必要性がある。

国語は、全ての学習の基礎基本である。

文章が正しく読み取れる、言葉の正しい意味が理解できる、基本的な文章が書ける等の力は、個別最適な学習だけでは得にくい。

文章が正しく読み取れるためには、まずは正しく文章を読めないといけない。読むことさえおぼつかない者が、そこからの国語学習に踏み出せるはずがない。正しく音読できるということから始めないといけないが、この学習は個々に完全に任せると、おろそかになってしまう子どもも出てくる。これは子どもの主体に任せるのが難しいことである。

言葉の正しい意味が理解できるには、まず、キーワードを取り出さなければならない。このキーワードは自力でその言葉を取り出すことが必要となるが、取り出せる子どももいるけれども、なかなかそうはいかない。子ども任せでは、その言葉がなぜキーワードになるのかを理解させることもできない。

基本的な文章が書けるためには、基本的なトレーニングが必要だ。書くことが苦手な子どももたくさんいる。そういう子どもたちには、一つずつ丁寧に指導していかなければならない。最終的には個別に学習していかねばならないから、個別最適化につながるけれども、書けない子どものモチベーションを上げていくには、書くことの楽しさから学習していかねばならない。大勢の子どもたちと協働でする活動も必要になる。個別最適化が協働学習とセットで論じられるのは、そういう理由からである。

このように、基本的な国語力は、一斉指導においてある程度つけていくことが大切だと考えている。

第6章
文学教育の必要性

(1) 文学教育不要論とは何か？

文学教育不要論というものが出てきている。これは、文部科学省が二〇一五年に国立大学法人に対して、教員養成系や人文社会科学系の学部・大学院の組織見直しや廃止を求めたことに端を発するものである。

この通知は、文系の学問が社会の要請や人材需要に応えられないという見方に基づいており、文系の価値や役割を否定するものと受け取られた。

文学は美的価値を子どもに伝えたり、文化的な理解を進めたりする一方で、実用的なスキルや職業に直接関連しないものだという考え方が、この通知の根底にある。

文学を学ぶ代わりに、現実の社会的・職業的ニーズに合わせた科目やスキルを重視すべきだという考え方で、現在は多くの高校の国語教科書がその指針にのっとったものになっている。

また、古典文学などは時代やカルチャーによって理解が難しいことがあるため、現代の価値観や文脈に適切に適用することが難しいという考え方もある。

これに関しては、多くの国語研究家から異論が出ているし、学校現場で国語を教えている教師たちからも、反論が出てきている。

これは、実用的な国語の学習の在り方が問われているのである。これまでの国語の授業が文学作品の読み取りの深さを追求し過ぎて、基本的な実用文さえ読み書きできない人間を育ててきたということへの反省は必要なのだと思う。

僕はずっと国語は形式教科だと言ってきた。読み方、書き方を教えることが大切だと言ってきた。国語の基礎基本の力をつけるための学習を仕組むべきだと思う。

しかし、文学を趣味か教養の範囲でしかとらえていない人たちに対しては、文学の授業の必要性を主張していかねばならないと思っている。

以下、文学教育について、述べたいと思う。

(2) 文学のあるときとないときのコミュニケーション

最近の傾向として、言葉が細やかに使えないことがある。

例えば「キモイ」という言葉が若者を中心によく使われている。

・気持ち悪い（おぞましい、不快）
・うっとおしい（わずらわしい）
・腹立つ（怒り、憤り、怒髪天を衝く）
・嫌だ（拒む、相性合わない）
・不細工（醜い、みっともない）
・恰好悪い（ぶざま）

右に書いたように、細やかな心情を表す言葉があるのに、それらを全部「キモイ」という一つの言葉でくくって使ってしまうのである。

阪急電車に乗っていたときに、前のシートに座っていた女子高生の会話が聞こえてきた。

「よくさあ、キモイって言うじゃん。でも、あいつさあ、キモキモイんだよねえ。」

「ホントだねえ。」

そう言って笑い合っていた。上手い使い方をするなと僕も笑ってしまったが、この「キモキモイ」という言葉はどういう意味なんだろうか。そう考えていくと、分かったような分からないような不思議な気持ちになった。

なんとなくアバウトな言葉を使ってコミュニケーションをして、それぞれが適当に自分なりにイメージして言葉を分かったような気になっているだけではないのだろうか？

そういう言葉の使い方をすることで、細やかな心も失われていくような気がする。心の細やかさが表現できないということは、当然、人の心の理解もアバウトになるということだから。

繊細な心を表現する言葉を選択して使おうとする、その頭脳の活動が細やかな心情を理解することにつながる。言葉を大事にするとは、そういうことなのだ。

「ななへやへ　花は咲けども　山吹の　実のひとつだに　なきぞあやしき　兼明親王」という和歌がある。この意味は、次のようなものである。

「小倉の山荘に住んでいました頃、雨が降った日、蓑を借りる人がいましたので、山吹の枝を折って取らせました。

その人はわけもわからずに通り過ぎまして翌日、（蓑を借りようとしたのに）山吹を折って渡された意味がわからなかったということを言って寄こしてきましたので、返事として詠んで送った歌『七重八重に（あでやかに）花は咲くけれども、山吹には実の一つさえもないのがふしぎなことです。わが家には、お貸しできる蓑一つさえないのです。』」（犬養廉他『後拾遺和歌集新釈　下巻』笠間書院）

若き日の太田道灌が外出の途中で突然の雨に遭ったので、蓑を借りるべくある小屋に入ったところ、若い女が何も言わず山吹の花一枝を差し出したので、道灌は
「花を求めるにあらず」

と怒って帰宅した。

後に山吹には「七重八重花は咲けども山吹のみのひとつだになきぞ悲しき」（道灌伝説では「あやしき」が「悲しき」になっている）の意が託されていたのだと教えられ無学を恥じたという有名な話が『常山紀談』に載る。

ここに、文学は高い言葉のコミュニケーションのとれる教養でもあるということが現れていると思う。

(3)　小学校の文学教材の特性

小学校における文学作品には、大きな特徴がある。

それは、人間の本性にひた迫るような作品は皆無だということである。

文学の本質は、人間性を究極的に見つめるところにある。多くの優れた文学作品は、人間のぎりぎりの醜さを描いたり、人生の裏の部分に光を当てたりして、人の機微に触れて本性を抉り出している。

そういう視点を放棄して美しいところに焦点を当てるという考え方の「白樺派」のような文学もあるが、人生の厳しさや醜さを描いた文学もたくさんある。

ところが、小学校の文学教材には、戦争の非人間性を描いたりするものはあっても、多くの場合、感動的な「良い話」が圧倒的に多い。

代表的な文学教材を見てみよう。

友情・愛情（二年「お手紙」「スーホの白い馬」）

連帯（二年「スイミー」）

優しさ（二年「わたしはおねえさん」）
自然との共存（五年「大造じいさんとガン」）
戦争と平和（三年「ちいちゃんのかげおくり」、五年「たずねびと」）
ファンタジー（一年「くじらぐも」、四年「白いぼうし」、六年「やまなし」）
異種同士の交流のすれ違い（四年「ごんぎつね」）
勇気（三年「モチモチの木」）
生き方（六年「海の命」）
その他（一年「たぬきの糸車」）……。

対象が児童だから当然なのだが、人の心をえぐるような作品はないし、表現の仕方も穏やかで温かく、美しい表現が圧倒的に多いものである。

自殺や虐待、いじめのような現代的な厳しいテーマの作品も皆無と言ってよい。

生きていれば人生のどこかで出会う、人間の醜さを赤裸々に描いたような作品も全くない。

僕は小学生にはそれで良いと思っている。

幼い頃には、人間の醜さや、裏切り、怨念のようなマイナスのことを経験しなくても良い。他人の心の美しさや愛しさ、勇気や思いやり、そういったことをたくさん浴びるほど経験してほしい。

実生活ではなかなかそんな美しいことや前向きなことばかりを経験できなくても、文学の世界で体験できるのだ。

学校の国語の文学の時間にこそ、そういう間接体験をしてほしいものだ。

人生の初期段階では、真善美を真っすぐに子どもたちに伝えたいものである。他人を信頼し、人を愛することの大切さを感じてほしい。心の奥底にそういうものをしっかりと持っていれば、人生の先々で出会う荒波に立ち向かっていく力をつけることができるのではないだろうか。

そういう意味で、小学校の国語の文学教材があるのだと考えている。

(4) 国語教育で教えるのは、何か?

文学教育論争について簡単に少しだけ述べたい。とても大雑把だが、細かく説明しても分かりにくいので。

教育ではさまざまな論争が過去、繰り広げられてきた。

国語教育においても、いろいろな論争があった。中でも大きな問題となる論争を取り上げてみよう。

■「言語教育と文学教育」論争 ――時枝誠記VS.西尾実――

時枝誠記と西尾実の論争は、戦後の国語教育における文学教育と言語教育の関係をめぐるものであった。

西尾実は、言語活動主義という立場から、文学作品を言語活動の素材として扱い、生徒の自発的な表現を重視する教育法を提唱した。

一方、時枝誠記は、言語過程説という独自の理論を基に、文学作品を言語過程の成果として考え、子どもの言語感覚や思考力を養う指導法を主張した。「言語過程説」という考え方は、国語教育を話す聞く読む書く能力の完成を目標としている。

両者は、国語教育の目的や方法について激しく対立し、多くの国語教育者や国語学者に影響を与えた。

技術教育を重視することで、表現者の思想を理解するという時枝の考えは最初は受け入れられなかった。

時枝は文学はあくまでも言語を持ってなされるものだから、文学の鑑賞といえども、作品の読み方を指導するものだと主張した。

西尾実は、受容者（つまり学習者）の立場を最優先（感動重視）と考えた。話す聞くことを地盤にすえて、発展段階に書く・読むことを置き、完成段階として文学性を置いた。

時枝の考えが最初受け入れられなかったのは、理論を裏打ちする実践が少なかったからであるが、一読総合法を始めとして少しずつ実践が出るようになり、認められていった。

今日ではかなりこの考え方が浸透してきている。

■形式技能教科か内容教科か

その後、同じようなことではあるが、国語科は、形式技能教科として、国語の技能をつけることを優先すべきであるという考え方と、国語の内容を重視し（文学作品を通しての経験を重視し）て学習を仕組むべきだという論争が行われてきた。

雑誌『国語教育』（明治図書、一九八二年十月号、No.308から）誌上において、「文学の読みは感動重視だけで良いか」という命題で、国語教育を二分するような論争が行われたものだ。

倉沢栄吉は、この論争に終止符を打つべく、

「経験主義と能力主義は対立するものではない。」

と述べている。

つまり、「真の能力とは、適切な経験を重ねて、それが学習として経験されていくうちに身体の中に沈殿していくものでなくてはならない。経験の中に没入するのではなく、経験することによって学力が身に着くことが大切。」ということである。

文学教材の指導においては、やはり、その教材を通してどのような国語力が形成できるのかを大きなポイントに掲げるべきだ。教材の感動をいかに子どもに伝えるのかという考え方ではなく、国語力をつけるためにその教材を活かすということだ。

優れた文学作品は、正しく読み取り方を学んで、その通りに読んでいけば、作品の持つ重要なと

ころに到達できるものだ。

つまり、「〜と思う」というような曖昧な概念で語るのではなく、正しく読み取ることから、自然と作品に感動する方向へ向かうということだ。

感動をどう伝えるかということよりも、正しく読み取るための読み取り方を学ばせることが大切だと思う。

第7章

これからの国語教育

(1) 日本語を使える子どもたちを育てる

日本語を使えない子どもたちというか、若者たちが増えているような気がする。別に文法のようにややこしくて理解しにくいことまで、完璧にできるようにならなくても良いが、基本的な日本語の力というものだけは身につけてほしいものだ。

例えば、

「昨日、友達とお話しました。」

というところを、ルー大柴調で言うと、

「イエスタデイ、フレンズとチャットしたんだよー。」

という言い方になってしまう。ルー大柴のように、芸人としての売りとして特殊な使い方をしているのなら良いが、一般の人たちも平気でこういう言葉を使ってしまうのは、日本語の乱れとは言えないだろうか。

また、

「お手紙をお送りいたします。」

というところを

「手紙を送ります。」

と、敬語が完全に省かれてしまっているような言い方が横行していないだろうか。メールでときどき見かける言い方である。

さらに、ため口。

「お目にかかれて光栄です。」

というところなのに、

「会えて嬉しいよ！」

というような言い方を親しくもない相手に平気でされると、ちょっと引いてしまうのは、年寄りの過剰反応だろうか？

「とんでもございません。」

という言い方を聞いたことがあるだろう。

これは完全に間違った使い方だが、けっこう多用されている。この言葉が「とんでも」＋「ない」という複合語ならば、「とんでもない」の「ない」を敬語に変換して「ございません」とするのは良いだろう。しかし、この言葉は、「とんでもない」という言葉なのだから、その語尾の「ない」は、

「とんでも」を否定した言葉なのではない。

これは、「はかない」を「はかありません」としたり、「切ない（せつない）」を「切ありません（せつありません）」としないのと同じことである。

これは「とんでもないです」という使い方が正しくて、丁寧に言うのであれば、「とんでもないことでございます」という言い方になるのである。

なのに、多くの方がとっさに

「とんでもございません」

という言い方をしてしまっている。

前述のように、僕は言葉が変化していかない文化は停滞してしまうと思っている。したがって、言葉の使い方も変わっていって良いと思っている。

しかし、今の日本語の乱れは、果たして許容して良いのだろうかと思わされるほど、ひどいものがある。

子どもたちを正しい日本語の担い手にするための国語教育という視点で、言葉の教育をしていかなければいけないのではないだろうか。

そうしないと、日本人の良さやアイデンティティさえも曖昧なものになっていくような気がしている。

協働学習が盛んになって、日本中のどの教室でも、子どもたちが対話している姿が見られる。

このときに、低学年と高学年で、言葉の使い方が変わっているだろうか。

高学年になればなるほど、公の場での言葉の使い方で対話していかねばならないと考えている。

低学年のときには
「うん、そうかあ。これ、○○んとちがうん？」

「○○ちゃんの言ってること、分からないわあ。」

というような、日常会話の対話であって良い。

でも、それが六年生になっても同じような話し方をする子どもがいるが、それで良いわけがない。

六年生になったら
「はい、そうですか。これ、○○なのではないですか？」

「○○さんの言ってること、分かりにくいです。」

というような言葉の使い方に変わっていかないといけない。

公に使う言葉と、日常のおしゃべりの話し方とは、自ずから違っているはずなのだから。

中学年から、こうした正しい言葉の使い方を子どもたちに練習させて、使いこなせるように指導していくことが必要である。

一回練習しただけではなかなか身についていかない。丁寧に繰り返し指導していくことによって、そういう言葉の力がついていくものなのだ。

子どもが使うつたない未熟な言葉はそれなりにほほえましいものだ。しかし、それはそれとして、正しい言葉の使い方を教えていくべきだと考える。

(2)　言葉を学ぶことの楽しさを伝える

言葉の学習というものは、面倒なものだ。

真面目にばかりやろうとすると、面倒さが表に出てきて、つまらないものになってしまう。

言葉の学習は楽しいものであること。

「言葉って面白いねえ。」

「言葉は楽しいんだね。」

と子どもたちに言わせるような学習を仕組むことが必要だ。


例えば、僕がよく使っていたのは「画数セブン」。

子どもたちには、画数の少ない順番に書いて並べるように指導する。

これを実際にやってみると、子どもたちは最低二回はその漢字を書くことになる。画数を数えているときと、そこに書いていくときと。

二年国語クイズ
画数セブン

つぎの漢字を画数の順番にならべて書きなさい。

雪　線　新　晴
南　紙　読

これが漢字の反復練習になる。子どもは遊び（ゲーム）感覚でやるけれども、漢字の復習になっているというわけだ。

今どきの子どもたちには、四十分間まるまるずうっと読み取りだけ、という授業は、けっこうしんどい。

それを子どもたちに対する注意や叱責だけで「ぴしっとさせる」なんていうのは、今どきの子どもたちにはストレスでしかない。

授業を楽しくする工夫をしないで、厳しさだけを全面に押し出すのは危険なことだ。

今どきの子どもたちは、ぱっと瞬間的に分かる力は優れているが、じっくりと時間をかけて取り組むことは苦手である。

そういう今どきの子どもたちに合った形の授業を考えていく方がいいと、僕は思っている。

言葉の学習では、ＩＣＴ機器を駆使したりして、いろんな工夫ができるから、教師自身が問題を作るのを楽しもう。

楽しそうに教師が作った言葉の学習だからこそ、子どもたちも楽しむことができるのではないだろうか。

(3) 読書が教師の国語力を鍛える

子どもたちを正しい日本語の担い手にしようと考えたとき、最も考えるべきなのは、言葉を教える教師の国語力の問題である。

何事にも興味関心の高い先生には、たくさんのアンテナがついているようなものだから、子どもたちの感性がそのアンテナのどこかに引っかかりやすい。

つまり、どんな子どもにも合わせられるということである。

いろいろなことに目を輝かせている教師は、魅力的である。僕の尊敬する先生たちは、みんな好奇心が旺盛で、だからこそ、知識も豊富なのだ。

この全く逆の場合を考えてみよう。物事への関心が薄くて、あまり知識のない先生。そんな先生の発する言葉に、子どもたちの耳が傾いていくとは、とても思えない。

教師自身が言葉に対する感性を養わねばならないし、語彙も増やしていかなければならない。

では、どうやってそういう力をつけるのかと言うと、まずは、言葉を丁寧に拾うということからだ。

前にも述べたように、教科書に出てきた言葉は、必ず国語辞典で調べてみる。常に、
「この言葉を説明しろと言われたら、どう説明できるのだろうか？」
という観点で、文章に出てくるあらゆる言葉を調べていくのだ。

これは、国語の教科書に限らない。社会科でも理科でも、算数でも、全ての教科において持っておきたい姿勢である。

次に、自分の生活の中で出てきた言葉についても、できるだけ調べようという姿勢を持つことだ。SNSだと、自分の好みの傾向を勝手に判断して新しいものを提示してくる。結果的に、自分の好むものばかりを閲覧することになりかねない。そうすると、狭い範囲の語彙しか使われないから、自分の語彙は増えていきにくくなる。

だから、教師は新聞を読むべきなのだ。新聞には、個人の好みに関わらず、ありとあらゆるジャンルが取り上げられている。新聞によって若干の個性はあるが、多くは世の中の出来事を網羅した形になっている。新聞を隅々まで読む習慣を身につけておけば、広い範囲の言葉に触れることができるのだ。

そうして、引っかかった言葉を国語辞典などで調べて、自分の語彙を増やしていくのだ。

こういうことを、毎日繰り返している教師と、一切やらない教師とでは、一年間で言葉の獲得がかなり違ってくるだろう。

さらに、それが十年、十五年と積み重なっていくと、大きな差となってしまうことだろう。

そして、そういうふうに言葉に対して真摯な姿勢を持ち続けていると、自然と言葉に対する感覚も鍛えられていく。

若い教師は、経験も足りないが、こういう語彙の数においては、圧倒的に不足しているものである。

国語教育を将来に渡って担っていく教師たちには、そのあたりの自覚を持って、こつこつと言葉の数を増やしていってほしいと思う。

それから、教師は読書をしてほしいと思う。

なぜ読書が大切かということは、ここであえて述べる必要はないだろう。ともかく、教師は子どもたちに

「本を読め。読書は大事だ。」

ということを繰り返して言う。

そう言う教師自身が、自分は読書をしないのは、おかしいだろう。

僕の言う読書とは、巷にあふれる簡易な教育本のことではない。いわゆる安易な実践の取って出しの教育本がたくさん出ていて、ツイッターで万単位のフォロワーを持った先生が出版したらすぐに増刷になるくらいは売れている。こういう本の多くは、申し訳ないけれども、中身がなくて薄っ

ぺらい。

また、いわゆるハウツー本もたくさん出ている。ハウツー本が役に立たないとは言わない。困っていることの解決策にぴったりの本もある。僕もハウツーの本は何冊か出版している。

でも、しょせんはハウツー本なのだ。教師自身を太らせるものになるとは考えられない。

こうした本は読書には加えない。

教師の読む教育や学習についての本は、子どもにとっての学習参考書と同じようなものだ。子どもたちが学習参考書を読書の時間に読んでいたら、注意しないだろうか。教師の読むハウツー本などは、そういう次元のものであると心してほしい。

読書とは、自分の世界を広げたり深めたりする素晴らしいアイテムである。しかも、言葉を通じてその世界を体験できる。日常に読書をする教師は、語彙も広く、知識も豊富である。

また、読書は、何かをしながらできる文化ではない。料理をしながら片手間にできるものではない。

読書をするには、そのために時間を作る覚悟が必要なのである。人生の貴重な時間を読書のためだけに使おうという覚悟が。

読書のジャンルは小説でも新書でも良い。小説の中でも、児童文学でも良いし推理小説や警察小説でも良いだろう。後者の中では、裏の世界のことがリアルに表現されていて、教師のように表社会を歩んできたような人間には、学びになることも多い。

読書をしない教師が、子どもたちに読書を推奨することなどできない。読書が自分の言葉を磨き、自分の世界を深化する優れたものだということを認識して、意識的な読書をしていってほしいと思う。

第8章

AIの時代の国語教育

(1) ChatGPTを活用してみた

対話型ＡＩが急速に広がっている。日本は前のめりになって、規制をかけずにどんどん取り入れていこうとしている。その代表が「ＣｈａｔＧＰＴ」である。

ともかく、ＣｈａｔＧＰＴを具体的に活用した例から説明しよう。

ある学校で、ルーブリック評価について話をしてほしいという依頼があった。そのときの研究授業が六年生の理科の水溶液についてであった。教科担任制の私学に勤めてきた僕は、理科についての知識が乏しいので、評価基準すら調べないと分からない。

そこで、ＣｈａｔＧＰＴに丸投げしてルーブリック評価を作ることにした。

まず、ＣｈａｔＧＰＴに

「小学校六年理科の水溶液の評価基準を教えてほしい。」

とたずねた。

すると、「考察と推論―生徒が水溶液に関連する現象や実験結果について考察し、推論する能力を評価します。例えば、クラスディスカッションやグループワークで自分の意見を述べ、他の人の意見に対して適切に反応できるかどうかを確認します。」と出てきたので、これでは使えないと、質問を変えた。

「ルーブリック評価を使用して、小学校六年生の理科の水溶液の授業における思考力を評価するための基準を教えてください。」

という問いかけに対しての答えは、

「評価基準のレベル、優秀（4点）、良好（3点）、普通（2点）、改善が必要（1点）」

として、続いて

「1　知識の理解

・4点　水溶液の定義や成分、水溶液の作り方に関する正確な知識を深く理解している。

・3点　水溶液に関する基本的な知識を正しく理解しているが、一部の詳細については不完全な理解がある。

・2点　水溶液に関する基本的な知識を一部理解しているが、不正確な情報や誤解が見られる。

・1点　水溶液に関する基本的な知識をほとんど理解しておらず、誤った情報を示している。」

と示した後、「2　分析と比較」「3　問題解決」と続いて、それぞれの四段階の評価基準を答えてくれた。

このように問いかける側が意図を明確に言葉にして問いかけると、それに応じてより細かく適切な答えを出してくるようだ。

一度の答えだけで満足するのではなく、繰り返し答えの精度の高くなるような質問を考えて問い続けると、より精度の高い答えが出てくるようだ。
最終的に出てきたものをルーブリックの表に入れたものが、次ページの表である。

理科について詳しくない僕には、項目の内容が妥当かどうかを考えるための知識がないので、これをそのまま使うことはできない。

ルーブリック評価は、教師集団が教科ごとか学年ごとに集まって考え合って作るものだ。このルーブリックの表は、叩き台として考えるのである。これを基にしてみんなで話し合って、子どもの姿として適当な評価基準を考えていくのだ。

このやり方だと、初めて六年の理科の評価を考える教師でも、考えるための元になるものがあるので、一から理科の教科の学習をしなくても、考え合うことができる。

ＣｈａｔＧＰＴは、使い方次第で、教師の負担を軽減することができるのだ。

ChatGPTで作成してみた六年理科・水溶液の授業のルーブリック

	レベル1	レベル2	レベル3	レベル4
知識の理解と適用	水溶液に関する知識が不十分で，説明や応用が困難である。	水溶液に関する基本的な知識の一部を理解しているが，応用には課題がある。	水溶液に関する基本的な知識を理解し，問題解決に適用できる。	水溶液に関する知識が深く，正確に説明でき，応用もできる。
質問と問題解決	質問や問題解決の試みが不十分で，結果を見つけ出せない。	質問を提出するが，思考や解決策に一貫性や深さが欠ける。	質問を提出し，問題解決に対して適切な思考を行い，解決策を見つけ出す。	独自の質問を提出し，複雑な問題に対して論理的な思考を行い，創造的な解決策を見つけ出す。
実験と観察	実験や観察の試みが不十分であり，考察が欠けている。	実験を安全に実施するが，観察や考察の一部が不正確または不完全である。	実験を計画し，安全に実施し，結果を観察し，考察を行う。	実験を計画し，安全に実施し，正確な観察と考察を行う。

⑵　ChatGPTは教育を変える？

ＣｈａｔＧＰＴは、大量の情報を収集して、クライアントの質問に対して選抜した情報を提供してくれるアイテムだ。使い方によっては、学習の幅が大きく広がる。

今は、少しずつ学校現場においてもＣｈａｔＧＰＴを使ったさまざまな授業が展開されてきている。ひょっとしたら教育を大きく変える可能性があるものだと考えている。

今のところ小学生がそのままＣｈａｔＧＰＴを活用することはできないが、いずれは開放されるのではないかと考えている。

また、授業ではいろいろな形でのＣｈａｔＧＰＴを活用した実践というものも出始めている。

現時点でＣｈａｔＧＰＴに対する問題点がいくつか指摘されている。少しそういう点について検証しておこう。

まず、問題点の一つとしてあげられているのが、感想文や論文をＣｈａｔＧＰＴを使って書くことに対する警鐘である。

学校現場では、夏休みの読書感想文の宿題をＣｈａｔＧＰＴに代筆してもらったらどうするのかということが言われている。読書感想文をＣｈａｔＧＰＴなどのオープンＡＩに書かせて、それを書き写して提出することになったら、意味がないというのだ。

バカバカしくて論ずるのもどうかと思うのだが、そもそも夏休みの宿題に読書感想文を出すことそのものに問題がある。

親や兄弟などの大人が書いたものを書き写して出しても良いと考える子どもや保護者が出てくることにならないか。

ＣｈａｔＧＰＴに問題のあることではなくて、家庭で行う学習に読書感想文のようなものを入れることそのものに問題があるのだ。

さらに、ＣｈａｔＧＰＴを使って実際に読書感想文を書かせてみたら、今のところ、とんでもないものができてしまう。精度がとても低いのだ。


次に、ＣｈａｔＧＰＴのようなオープンＡＩの問題として出てきているのが、そこに出される情報の正確性がつかみにくいということがあげられる。

しかし、これを言うならば、Ｙａｈｏｏ！やＧｏｏｇｌｅで得られる情報も、百パーセント正しいものなのかどうかということも同じように問題となる。ＳＮＳにあげられる情報にも、まことしやかなフェイクニュースなども多く存在する。

要するに、これはメディアリテラシー教育の問題なのである。

ネットを通じて取得した情報が正しいものかどうかということを、常に吟味するという考え方を徹底して教育していかねばならないのだ。

ＣｈａｔＧＰＴが、特に創作するときにはいいかげんなものを出してくることがあるということを逆に利用して、子どもたちのメディアリテラシー教育に活用する例も出てきている。

自分たちで創作した後で、

「ＣｈａｔＧＰＴで書いたら、こんな文章になったよ。」

と提示して、その文章の問題点やおかしなところを考えさせるという指導だ。

ＣｈａｔＧＰＴの活用については、これからさまざまな実践が出てくるだろう。新しい大きな流れに対して、どう活用すれば子どもたちにとっての本当の学びになるのだろうかということを考えて、実践していってほしいものだと考える。

おわりに

今の教育におけるさまざまな課題について僕自身の考えを述べながら、今後の国語教育をどうしていけば良いのかを語ったつもりである。

僕は昭和の国語教育、それも戦後の国語教育を受けてきた人間である。教壇に立ったときも昭和だった。

ようやく一人前になりかけたときから平成が始まり、令和の現在は、各地の小中学校へ指導助言や講演に行かせていただいている。

今、現場を俯瞰すると、これまでになかった新しい風が吹き荒れ、それに嬉々として取り組む先生と困惑の中で悩む先生、そして新しいことには目をつぶって自分の成功体験だけを頼りに旧い教育に固執する先生の三パターンに分かれているような気がする。

簡単に言うと、令和、平成、昭和の三パターンだということだ。

ベテランの先生たちは、昭和の教育に固執してはいけない。新しいことを身につけるのには大変な労力と精神力と謙虚さを必要とする。だから、しんどいのだけれども、自分の成功体験を一度捨て去って、真摯な気持ちで新しい課題にチャレンジしてほしいと思う。そういう先生のチャレンジする姿を子どもたちが純な目で見ているのだということを忘れないように。

平成の先生方は、新しい課題にチャレンジしつつも、自分の受けてきた教育と教師になってから感じてきたことを大切にして、「言葉を磨く」ことの重要性をもう一度確かめ直してほしい。

令和に生きる先生方は、新しいＣｈａｔＧＰＴやタブレットを使いこなして、新しい教育を担っていってほしい。ただし、「国語教育の本質は何か？」というところには常に立ち返ってほしいと思う。

僕自身は、いろんなところで話す機会をいただきながら、常に新しい課題を自分なりに解釈して先生方に提示していかねばならないと思っている。まだまだ老け込んではいられない。

二〇二三年秋

ヨアソビの「アイドル」を聴きながら　多賀一郎

著者紹介

多賀一郎

神戸大学附属住吉小学校を経て，私立小学校に長年勤務。元日本私立小学校連合会国語部全国委員長。元西日本私立小学校連合国語部代表委員。若い先生を育てる活動に尽力。公私立の小学校・幼稚園などで講座・講演などを行ったり，親塾や「本の会」など，保護者教育にも力を入れている。

ホームページ：「多賀マークの教室日記」http://www.taga.169.com/

著書に『増補・改訂版　全員を聞く子どもにする教室の作り方』『一冊の本・絵本が学校を変える』『一冊の絵本が子どもを変える』『改訂版　一冊の本が学級をえる』『新装版　きれいごと抜きのインクルーシブ教育』（共著）『間違いだらけのインクルーシブ教育』（共著）『若手教師のための一斉授業入門』『危機に立つSNS時代の教師たち』『一人ひとりが聞く子どもに育つ教室の作り方』『多賀一郎の荒れない教室の作り方』（以上，黎明書房），『ヒドゥンカリキュラム入門』『国語教師力を鍛える』（以上，明治図書），『学校と一緒に安心して子どもを育てる本』（小学館），『女性教師の実践からこれからの教育を考える』（編著）『問い続ける教師』（苫野一徳との共著）（以上，学事出版）など多数。

ＩＣＴ《アイシーティー》時代《じだい》の国語《こくご》教育《きょういく》の考《かんが》え方《かた》・進《すす》め方《かた》

2023年12月15日　初版発行

著　者　多《た》賀《が》一《いち》郎《ろう》
発行者　武馬久仁裕
印　刷　株式会社太洋社
製　本　株式会社太洋社

発行所　株式会社黎《れい》明《めい》書《しょ》房《ぼう》

〒460-0002　名古屋市中区丸の内3-6-27　EBSビル　☎052-962-3045
FAX 052-951-9065　振替・00880-1-59001
〒101-0047　東京連絡所・千代田区内神田1-12-12　美土代ビル6階
☎03-3268-3470

落丁本・乱丁本はお取替します。　ISBN978-4-654-02397-4